中国旅游发展年度报告书系
Annual Development Report of China's Tourism

中国国内旅游发展年度报告 2023

ANNUAL REPORT OF CHINA DOMESTIC TOURISM DEVELOPMENT 2023

中国旅游研究院 著

北京·旅游教育出版社

图书在版编目（CIP）数据

中国国内旅游发展年度报告. 2023 / 中国旅游研究院著. -- 北京：旅游教育出版社，2023.12
ISBN 978-7-5637-4632-3

Ⅰ. ①中… Ⅱ. ①中… Ⅲ. ①国内旅游－旅游业发展－研究报告－中国－2023 Ⅳ. ①F592.3

中国国家版本馆CIP数据核字(2023)第244260号

中国国内旅游发展年度报告2023
中国旅游研究院　著

责任编辑	郭珍宏
出版单位	旅游教育出版社
地　　址	北京市朝阳区定福庄南里1号
邮　　编	100024
发行电话	（010）65778403　65728372　65767462（传真）
本社网址	www.tepcb.com
E-mail	tepfx@163.com
排版单位	北京旅教文化传播有限公司
印刷单位	北京中科印刷有限公司
经销单位	新华书店
开　　本	787毫米×1092毫米　1/16
印　　张	4.25
字　　数	56千字
版　　次	2023年12月第1版
印　　次	2023年12月第1次印刷
定　　价	55.00元

（图书如有装订差错请与发行部联系）

《中国国内旅游发展年度报告 2023》编委会

主　任　戴　斌
副主任　李仲广　唐晓云
编　委（按姓氏音序排序）
　　戴　斌　　何琼峰　　李仲广　　马仪亮　　宋子千
　　唐晓云　　吴丰林　　吴　普　　杨宏浩　　杨劲松

《中国国内旅游发展年度报告 2023》编写组

主　编
郭　娜　中国旅游研究院规划与休闲研究所助理研究员、博士
编辑部成员（按姓氏音序排序）
黄　璜　　姜乃源　　李鹏鹏　　李　雪　　马　静
刘家齐　　田文鑫　　韦大伟　　吴丰林　　张　纯

目 录
CONTENTS

第一章　国内旅游发展基础和成就 ………………………………………… 1
　一、国内旅游"低开稳走、波动缓升" ……………………………………… 2
　二、国内旅游迎来综合性政策支撑 ………………………………………… 6

第二章　国内旅游发展现状和展望 ………………………………………… 11
　一、国内旅游发展总体特征 ………………………………………………… 12
　二、国内旅游发展趋势展望 ………………………………………………… 15

第三章　国内旅游客源市场特征 …………………………………………… 19
　一、国内旅游客源市场总体特征 …………………………………………… 20
　二、国内旅游客源市场人口结构特征 ……………………………………… 23
　三、国内旅游客源市场分省份特征 ………………………………………… 27

第四章　国内旅游目的地市场特征 ………………………………………… 31
　一、国内旅游目的地市场总体特征 ………………………………………… 32
　二、国内旅游目的地市场分区域特征 ……………………………………… 35
　三、国内旅游目的地市场分省份特征 ……………………………………… 38
　四、国内旅游目的地典型案例 ……………………………………………… 43

第五章　国内旅游流动特征 ··· 47
一、国内旅游客流总体特征 ·· 48
二、国内旅游客流空间特征 ·· 50
三、交通和旅游融合发展典型案例 ······································ 53

第六章　国内节假日旅游特征 ··· 55
一、国内节假日旅游特征 ··· 56
二、国内节假日旅游发展趋势分析 ······································ 58
三、国内节假日旅游发展政策和典型案例 ······························ 60

第一章
国内旅游发展基础和成就

一、国内旅游"低开稳走、波动缓升"

2022年全国国内旅游人数为25.3亿人次,同比下降22.1%,较2020年下降12.12%,恢复至疫情前42.1%,实现国内旅游收入约2.04万亿元,同比下降30%,较2020年下降约8.5%,恢复至疫情前30.7%。

总体来看,2022年新冠肺炎疫情贯穿全年,确诊病例人数远超2021年,各地防控措施收紧,居民出游心态更趋保守。特别是年底各地相继迎来的感染高峰形成了年内旅游市场复苏的社会屏障,国内旅游景气指数总体减弱,跌至疫情以来新低。但是政府托举政策和市场主体创新稳住了旅游经济基本面,全年旅游市场"低开稳走、波动缓升"。

(一)国内旅游客源市场低开稳走

2022年是党和国家历史上极为重要的一年。党的二十大胜利召开,擘画了全面建设社会主义现代化国家、以中国式现代化全面推进中华民族伟大复兴的宏伟蓝图。在以习近平同志为核心的党中央坚强领导下,各地区各部门坚持以习近平新时代中国特色社会主义思想为指导,坚持稳中求进工作总基调,完整、准确、全面贯彻新发展理念,加快构建新发展格局,着力推动高质量发展,为全面建设社会主义现代化国家新征程迈出坚实步伐。

经济保持恢复发展,为国内旅游发展奠定坚实基础。2022年我国国内生产总值达到121万亿元,比2021年增长3.0%。全国财政收入依旧保持在20万亿元左右,比2021年增长0.6%。城镇新增就业1206万人,城镇调查失业率平均为5.5%。居民消费价格比2021年上涨2.0%。我国的国际收支基本平衡。

人民生活水平稳步提高,推动旅游客源市场持续扩大。2022年,我国持续推动巩固拓展脱贫攻坚成果同乡村振兴有效高质量衔接。居民人均可支配收入比2021年实际增长2.9%。城乡居民的基本养老、基本医疗、社会救助等保障力度加大。我国新开工改造城镇老旧小区5.25万个,惠及近千万家庭。

据统计,2022年我国居民人均可支配收入36 883元,比2021年增长5.0%。其中,城镇居民人均可支配收入49 283元,比2021年增长3.9%。农村居民人均可支配收入 20 133 元，比 2021 年增长 6.3%。城乡居民人均可支配收入比值为 2.45，比 2021 年缩小 0.05。随着居民收入不断增加、城乡居民收入差距持续缩小，我国居民的国内旅游潜在出游能力也将进一步增强（见图 1-1）。

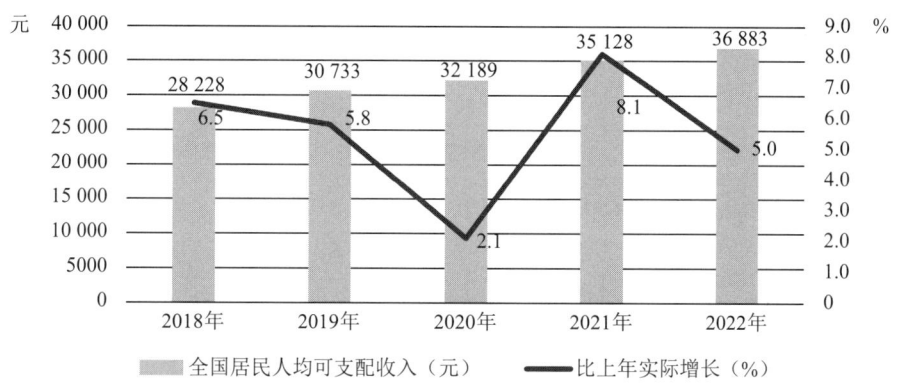

图 1-1　2018—2022 年全国居民人均可支配收入及其增长速度

2022 年，我国居民人均消费支出 24 538 元，比 2021 年增长 1.8%。其中，城镇居民人均消费支出 30 391 元，比 2021 年增长 0.3%；农村居民人均消费支出 16 632 元，比 2021 年增长 4.5%。从消费结构来看，2022 年食品烟酒消费占比 30.5%，排在首位；居住消费占比 24.0%，排在第二位（见图 1-2）。2022 年与 2021 年相比结构稍有变化，与生活质量相关的服务支出有所减少，医疗保健、教育文化娱乐、交通通信等类别的消费比重小幅度降低，而排在前两位的食品烟酒和居住消费比重有所增加。

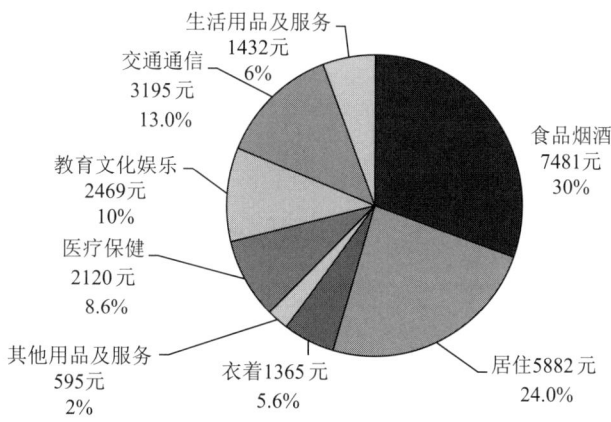

图 1-2　2022 年全国居民人均消费支出及其构成

2022年，国内旅游客源市场整体呈现"低开稳走"的发展态势，是疫情三年以来受影响最深的一年。与2021年相比，2022年国内旅游的出游距离和目的地游憩半径持续收缩，近程旅游和本地休闲游成为国内旅游的空间特征。国内旅游呈现出短时间、近距离、高频次等新特征，"轻旅游""微度假""宅酒店"等成为新亮点。2022年末，伴随疫情管控的全面解除，出境游重启，在各级政府及文旅部门一系列的纾困、帮扶及促消费政策作用推动下，旅游业逐步加快恢复，为满足人民群众美好生活的需要和经济社会发展做出新的更大贡献。

（二）国内旅游目的地市场波动缓升

2022年是面向第二个百年奋斗目标的宏伟蓝图实现胜利开局的重要一年，同时也是新冠肺炎疫情全面影响我国经济社会发展的第三年。我国坚持做好常态化疫情防控工作，全面落实疫情要防住、经济要稳住、发展要安全的要求，加大宏观调控力度，实现了经济平稳运行、发展质量稳步提升、社会大局保持稳定。

2022年，国内疫情多点频发、持续不断，疫情防控政策力度加大，严重影响了旅游市场的正常经营与恢复。国内旅游人数和旅游收入均比2021年有一定程度减少。在国民经济恢复发展的宏观背景下，各地文化和旅游部门严格落实常态化防疫要求，引导游客理性、安全、文明出游，保障了节假日旅游市场运行的平稳有序。全年旅游呈现出低开、稳走、缓升的态势。

根据国内旅游抽样调查统计结果，2022年，国内旅游总人次25.30亿，比上年同期减少7.16亿，同比下降22.1%。其中，城镇居民国内旅游人次19.3亿，同比下降17.7%；农村居民国内旅游人次6.0亿，同比下降33.5%。

2022年，国内旅游收入（旅游总消费）2.04万亿元，比2021年减少0.87万亿元，同比下降30.0%。其中，城镇居民出游消费1.69万亿元，同比下降28.6%；农村居民出游消费0.36万亿元，同比下降35.8%。

2022年国内旅游人均每次旅游消费806.32元，比2021年下降92.96元，降幅10.34%，与疫情前2019年953.23元的水平有一定差距。其中，城镇居民人均每次旅游消费876.56元，比2021年下降13.17%；农村居民人均每次旅游消费599元，比2021年下降2.37%。2022年城镇居民的国内旅游人均每次消费是农村居民的1.46倍。

2022年国内旅游目的地接待人数受疫情影响跌至疫情以来最低，市场景气下探，政府托举政策和市场主体创新稳住了旅游经济基本面。从现状规模来看，

2022年东部地区的整体国内旅游接待人数略低于西部地区，中部地区和东北地区分别位列第三、第四位。从国内旅游收入、人均消费接待人数来看，东部地区排首位，西部地区紧随其后排第二，中部地区排第三，东北地区第四。

第一，国内目的地的空间分布呈现大聚集、小分散态势。近程、短途、本地、周边游的热度上升促使旅游目的地区域内循环特征明显，游客出行理性化分散了传统旅游目的地的饱和度，有助于旅游体验感提升。第二，旅游数字化进程加快，游客接受度提升。疫情常态化推动了居民行为模式改变。行前预约、扫码刷脸等无纸化入园、电子导游等多种数字化场景正逐渐被大众认可，景区预约体验满意度较往年有所上升。第三，旅游类型趋于多元化。一方面，游客将视线转移至本地和城市周边，各地城市公园、影剧院、都市商圈等当代生活类旅游资源承接本地出游需求；另一方面，冰雪、红色、乡村、研学等专项旅游市场迎来市场新机遇，创新、个性化体验为游客假日出游增添新活力。第四，旅游目的地仍需探索挖掘二次消费。靠景区、景点的门票收入创造旅游收入红利的时代已经过去，引导游客在目的地进行二次消费成为主要探索点，扩充旅游体验和旅游配套设施的丰富度对目的地引流和创造二次消费具有极大的贡献。

（三）国内旅游客流结构优化升级

2022年，国内旅游客流发展全面升级。全域旅游可进入性进一步提高。随着我国公路、铁路、航空等交通线路的不断完善，国内旅游目的地的可进入性将进一步提高，交通便捷服务不断优化，交通承载能力不断增强，为我国全域旅游的快速发展提供基础保障。

2023年上半年国内旅游客流跨省远程游有所上升。远程的省际旅游客流占到了全部国内旅游客流的23.54%，同比增长约25%，近程的省内旅游客流占比为76.46%，同比降低约5.9%。东部地区是最重要的远程国内旅游客源地和目的地，中部和西部地区在远程国内旅游方面与东部地区还有较大差距，东北地区的远程国内客流则较少。远程国内旅游表现出相邻省份间互为客源地和目的地的特征。

二、国内旅游迎来综合性政策支撑

（一）各部委组合政策营造国内旅游发展大部门格局

1. 文旅融合

2022年12月，《文化和旅游部 自然资源部 住房和城乡建设部关于开展国家文化产业和旅游产业融合发展示范区建设工作的通知》发布。《通知》提出，要坚持高标准建设、高质量发展，"十四五"期间，建设文化禀赋和旅游资源丰富、产业链深度融合和协同互补、发展机制健全的融合发展示范区，更好发挥文化产业和旅游产业优势，促进新型文化和旅游业态蓬勃发展，坚持把社会效益放在首位、社会效益和经济效益相统一。该《通知》的出台，将进一步增强文化产业和旅游产业质量效益和核心竞争力，培育新型文化和旅游业态，创新产品和服务供给，推动我国文化产业和旅游产业繁荣发展。

2. 体旅融合

2022年1月，文化和旅游部、国家发展改革委和国家体育总局三部门联合印发《京张体育文化旅游带建设规划》。该《规划》强调，要坚持创新驱动，融合发展，加快推进体育文化旅游领域深层次改革，形成体育文化旅游融合发展新模式；坚持生态优先，绿色发展，正确处理生态保护与开发利用的关系，将绿色生态、低碳环保理念贯穿建设全过程；坚持开放发展，合作共赢，打造高水平体育文化旅游对外开放平台，构建互惠互利、合作共赢的开放发展新局面；坚持以人为本，民生共享，增加优质产品和服务供给，提高人民群众参与程度，让发展成果更多更公平惠及人民；坚持科学统筹，协同共建，融入京津冀协同发展战略，做到一体谋划、一体实施。该《规划》将统筹推进奥运场馆赛后利用和体育文化旅游融合发展，推动奥运经济社会和环境可持续发展。

2022年10月，体育总局、发展改革委、工业和信息化部、自然资源部住房和城乡建设部、文化和旅游部、林草局、国铁集团联合印发《户外运动产业发展规划（2022—2025年）》。该《规划》中提到要紧紧围绕体育强国建设和健康中国建设，以新发展理念为引领，拓宽"两山"理念转化路径，以户外运动产业高质量发展为主题，以深化户外运动产业供给侧结构性改革为主线，以改革创新为根本动力，高效统筹疫情防控和经济社会发展，持续激发户外运动市场活力，持续释放户外运动消费潜力，更好满足人民群众的户外运动需求和对

第一章 国内旅游发展基础和成就
Chapter 1 Domestic Tourism Foundation and Achievements

美好生活向往，为构建新发展格局贡献力量。该《规划》为户外运动产业的发展提供了更进一步的政策保障。

3. 农旅融合

2022年3月，文化和旅游部、教育部、自然资源部、农业农村部、国家乡村振兴局、国家开发银行联合印发《关于推动文化产业赋能乡村振兴的意见》。该《意见》旨在将文化产业赋能乡村振兴纳入全面推进乡村振兴整体格局，围绕文化产业重点领域制定企业、人才、项目、用地等方面政策举措，充分发挥文化产业多重功能价值和综合带动作用，促进乡村一二三产业有机融合，助力乡村经济社会发展。该《意见》将实现巩固拓展脱贫攻坚成果同乡村振兴有效衔接，推动乡村产业兴旺、生态宜居、乡风文明、治理有效、生活富裕。

2022年7月，文化和旅游部、公安部、自然资源部、生态环境部、国家卫生健康委、应急管理部、市场监管总局、银保监会、国家文物局、国家乡村振兴局10部门联合出台《关于促进乡村民宿高质量发展的指导意见》。该《意见》提出，要以推动高质量发展为主题，以深化供给侧结构性改革为主线，顺应人民群众乡村旅游消费体验新需求，引导乡村民宿开发和建设，推动乡村旅游提质升级，带动群众就业增收，为巩固拓展脱贫攻坚成果，全面推进乡村振兴战略做出积极贡献。该《意见》的出台将进一步促进乡村民宿产品和服务质量、发展效益、带动作用全面提升，使其成为旅游业高质量发展和助力全面推进乡村振兴的标志性产品。

4. 露营旅游

2022年11月，文化和旅游部、中央文明办、发展改革委、工业和信息化部、公安部、自然资源部、生态环境部、住房和城乡建设部、农业农村部、应急管理部、市场监管总局、体育总局、林草局、乡村振兴局14部门联合印发《关于推动露营旅游休闲健康有序发展的指导意见》。为顺应人民群众旅游休闲消费体验新需求，扩大优质供给，该《意见》提出"旅游为民、需求导向""分类指导、规范发展""合理引导、可持续发展""文明旅游、绿色发展""产业协同、融合发展"5项基本原则。同时，还提出9项基本任务，包括"优化规划布局""扩大服务供给""提升产品服务品质""加强标准引领""推动全产业链发展""规范管理经营""落实安全防范措施""加强宣传推广""引导文明露营"。该《意见》将进一步保障露营旅游休闲安全，推动露营旅游休闲健康有序发展，不断满足人民日益增长的美好生活需要。

5. 旅游金融

2022年7月，中国人民银行、文化和旅游部发布《关于金融支持文化和旅游行业恢复发展的通知》，提出要继续加大金融支持力度、提供差异化金融服务、完善信贷供给体系、拓宽融资渠道、降低融资成本等相关措施，切实改善对文化和旅游行业的金融服务，稳定从业人员队伍。金融支持有助于促进文化和旅游行业尽快恢复发展，发挥文化和旅游行业在加快构建新发展格局、推动高质量发展中的重要作用。

（二）文化和旅游部全面推动国内旅游复苏发展

1. 国内旅游产品质量继续提升

2022年7月，文化和旅游部发布《关于确定12家旅游景区为国家5A级旅游景区的公告》。截至目前，全国共有318家5A级景区。其中，旅游景区A级评定是旅游景区综合实力的品牌标志，5A级景区数量的增加则进一步象征着景区旅游环境和发展质量的整体提升。

2022年7月，国家标准《旅游度假区等级划分》（GB/T 26358—2022）正式出台，并于2023年2月1日起实施。新版标准进一步明确了旅游度假区的定义，着重突出度假特色，强化"住"的重要性，突出"游"的丰富性，在框架结构、指标设置、规范表述等方面进行了调整。同时，强调要注重发挥文化赋能作用，要求旅游度假区充分挖掘文化内涵、利用文化资源、突出文化特色。新版标准的实施，将进一步深化旅游业供给侧结构性改革，助力构建新发展格局，丰富度假旅游优质供给，推动度假区高质量发展，更好满足人民群众日益增长的度假旅游需求。同年11月，文化和旅游部发布《关于拟确定15家旅游度假区为国家级旅游度假区的公示》。这15家是新版《旅游度假区等级划分》（GB/T 26358—2022）实施前的最后一批。在新国标的规范下，各地的度假区工作将朝着高品质、高标准、多业态不断进发。

2. 国内旅游新业态标准化发展

2022年9月，文化和旅游部办公厅、国家体育总局办公厅发布《关于开展国家级滑雪旅游度假地认定工作的通知》。该《通知》要求，为贯彻习近平总书记在北京冬奥会冬残奥会总结表彰大会上的重要讲话精神，进一步落实《冰雪旅游发展行动计划（2021—2023年）》有关任务，要启动新一批国家级滑雪旅游度假地认定工作。不断推动冰雪旅游发展，促进北京冬奥会冬残奥会赛后场馆利用，更好满足人民群众参与冰雪活动的需要。

3. 国内旅游营商环境持续优化

2022年3月，文化和旅游部办公厅关于印发《星级饭店从业人员三年培训计划（2022—2024年）》的通知中提到，要坚持标准引领、精准施训、分类指导，着力提高培训的统筹性、针对性、有效性，全面加强星级饭店行业人才队伍建设，提高专业能力，增进职业认同，为助力星级饭店高质量发展提供人才支撑。

2022年8月，文化和旅游部办公厅发布了《关于加强行业监管进一步规范旅游市场秩序的通知》。该《通知》要求，各地要以保障游客合法权益为目标，严格规范旅游市场秩序；以提升服务质量为根本，规范导游执业行为；以整治"不合理低价游"为重点，加大综合执法力度；以落实旅行社疫情防控指南为基础，加强疫情防控和安全管理。

2022年9月，文化和旅游部发布《关于印发私设"景点"问题专项整治工作方案的通知》。该《通知》提出各地要以专项整治为契机，深入研究私设"景点"问题成因，厘清政府、市场、当地群众等各方关系，逐步实现共建共治共享，有助于进一步规范旅游市场秩序、保护生态环境、维护游客权益。

2022年10月，文化和旅游部办公厅发布了《文化和旅游部办公厅关于开展文化和旅游市场信用经济发展试点验收工作的通知》。该《通知》指出，针对14个文化和旅游市场信用经济发展试点地区确定的试点任务和实施方案，重点围绕试点任务完成情况、试点任务实施过程、试点成果示范程度3个方面进行验收。

2022年11月，文化和旅游部办公厅关于印发《文化和旅游市场信用修复工作指南》的通知中明确要求，就规范主动信用修复工作流程、规范核查依申请信用修复的材料、规范应用文书格式、规范开展信用修复培训、规范使用信用信息等方面开展信用修复工作。其有利于引导和鼓励失信主体主动纠正失信行为、消除不良影响、重塑良好信用，优化信用环境，促进企业高质量发展。

4. 国内旅游文明程度稳步提升

2022年4月，文化和旅游部、中央文明办关于印发《2022年文化和旅游志愿服务工作方案》的通知中，提到要以阵地服务为抓手，推动公共文化设施助力新时代文明实践；以铸牢中华民族共同体意识为主线，推动优质文化和旅游资源向边疆民族地区倾斜；以保障特殊群体基本文化权益为宗旨，开展文化志愿服务关爱系列行动；以倡导文明旅游为重点，推动旅游志愿服务高质量发展；

以创新工作机制为突破口，推动文化和旅游志愿服务高质量发展。

5. 国内旅游企业纾困深入推进

2022年3月，文化和旅游部办公厅发布了《文化和旅游部办公厅关于抓好促进旅游业恢复发展纾困扶持政策贯彻落实工作的通知》。该《通知》中提到要综合运用财政奖补、金融支持、项目投资、消费促进、政务服务等措施手段，进一步创新推出更多有针对性的惠企政策措施，增强旅游企业政策获得感，稳住行业恢复发展基本盘。

2022年6月，文化和旅游部办公厅发布了《文化和旅游部办公厅关于稳定市场主体开展"延期办"工作的通知》。"延期办"是当时新冠肺炎疫情防控形势下促进文化和旅游市场经济恢复发展、稳岗就业的一个创新性举措，能够帮助全国文化和旅游市场主体渡难关、强信心，给企业复工复产带来实实在在的益处和便利。

第二章
国内旅游发展现状和展望

一、国内旅游发展总体特征

2023年初即迎来开门红的国内旅游市场，经元旦、春节、清明、端午四个节假日，出游意愿、出游人次、出游距离和旅游消费等主要指标逐步企稳走高。劳动节假期五天，出游人次和旅游消费均超过了2019年同期水平，迎来旅游经济复苏战略转折点，极大提振了市场信心。在研学、避暑、康养、度假、夜间旅游等细分市场的带动下，暑期旅游市场创下历史新高，实现旅游人次18.39亿和旅游收入1.21万亿元。国内旅游经济基本摆脱了历时三年的疫情影响，步入了复苏发展的轨道。经中国旅游研究院（文化和旅游部数据中心）测算，前三季度旅游经济运行综合指数（CTA-TEP）一直处于景气区间，均值为111.09，接近2019年同期水平。

（一）国内旅游经济运行分析

根据国内旅游抽样调查统计结果，2023年前三季度，国内旅游总人次36.74亿，比2022年同期增加15.80亿，同比增长75.5%。其中，城镇居民国内旅游人次28.46亿，同比增长78.0%；农村居民国内旅游人次8.28亿，同比增长67.6%。分季度看：2023年第一季度，国内旅游总人次12.16亿，同比增长46.5%；2023年第二季度，国内旅游总人次11.68亿，同比增长86.9%；2023年第三季度，国内旅游总人次12.90亿，同比增长101.9%。

2023年前三季度，国内旅游收入（居民国内出游总花费）3.69万亿元，比2022年增加1.97万亿元，同比增长114.4%。其中，城镇居民出游花费3.17万亿元，同比增长122.7%；农村居民出游花费0.52万亿元，同比增长75.8%。

2023年第四季度，历时三个季度的政策促进，旅游经济正在从需求潜力释放走向供给创新驱动新阶段。

（二）国内旅游产业特征分析

1. 旅游产业链修复提速，旅游产业面临结构性改革和业态优化的双重机遇

以产品研发、对客服务资源整合为主的下游服务商，本身就处于创新节奏更快的赛道，疫情后面临着新需求、新偏好、新伙伴、新对手、新科技的全新挑战。全国已增长到4.7万家的旅行社主体，在产品研发与迭代、资源整合、服务质量管理、数字化能力方面大多仍处于较低水平，除了价格战，看不出高质量发展的明显迹象。不合理低价游导致的强迫消费、欺诈消费和恶意加点仍时有发生。相对而言，平台企业的业绩恢复、供应链整合、战略调整、品牌塑造、门店扩张，以及对新技术的敏锐感和应用效率都更高。日渐兴起的产业投资机构和创新市场主体，正在产业链重构的进程中成长为旅游业高质量发展的主力军。

2. 央地旅游集团引领全行业构建新生态

央地旅游集团主导的资源端重资产开发、在线旅行平台主导的供应链轻资产整合，以及大量中小旅行商为主体的产品创新，共同构成了充满生机的产业生态。新兴市场主体在各个层面的进入，既带来了竞争，也激发了创新活力。各地新组建的文旅集团与原有市场主体围绕资源开发展开新的博弈，抖音、小红书等新平台在旅游领域快速扩张，对传统OTA形成了现实压力。在众多小微旅行商生态层中，日光域、未来星球、六人游、嬉游、动觉地球、稻草人等新兴服务商的积极创新，把新消费、新玩法、新模式带进旅行服务中来。

3. 行业融资需求旺盛，投资信心回升，大型项目投资回暖

2023年前三季度，旅游集团、上市公司、旅游景区的并购重组、股权转换和短债私募等融资需求旺盛，相对于前几年政府类平台公司主导和土地平衡投资模式，复苏阶段旅游产业新增资本来源于商业银行和产业投资机构。新募资金部分用于前期融资成本偿还，更多投资则用于新项目建设、产品研发和销售渠道拓展。根据中国旅游研究院（文化和旅游部数据中心）与中国游艺机游乐园协会联合研发的文旅产业投资与采购指数，在1836家受调企业中，79.2%的投资/运营企业、46.0%的制造/服务企业开展了投资活动，其中投资/运营类企业的投资预期较为乐观，制造/服务类企业对投资持谨慎乐观态度，但两类企业的预期信心都高于即期信心，表明企业家和经理人看好旅游业的未来。从投资领域来看，主要集中在主题乐园/游乐园建设、文娱装备、科技、度假区/街区、目的地运营等方面。

（三）国内旅游需求特征分析

1. 旅游者正在重新定义旅游业，社群旅游和"反向旅游""平替旅游"等新型需求兴起

旅游者正在重新定义旅游业，供应链稳步重构。疫情后旅游市场已经改变并将持续变革，人们更需要分散的游憩空间来"治愈"和"自愈"，露营、社群旅游和"反向旅游""平替旅游"等新型需求兴起。随着文旅融合的不断推进，人们日益看重旅游中的文化内涵，有文化调性的图书馆、网红餐厅、有条件的露营地、景观大桥、影片取景地等，都将成为"新型旅游吸引物"，基于社群的户外休闲、露营、马术、卡丁车、登山、探险、研学活动以及基于兴趣的俱乐部快速兴起。随着"00后"入场、"适老化"加速，旅游消费更具个性化和多样性，例如，去哪儿网联合中国国航发放新客代金券，助力"小镇旅行家"实现"人生第一张机票"的理想。

2. 文化和旅游深度融合场景、智慧旅游沉浸式新产品成为消费新热点

游客玩得更有文化了。近年来艺术、科技与旅游的融合，有力推动了假日旅游市场的内容创造和场景营造，创造了更多有借鉴意义和推广价值的文化和旅游深度融合场景。"十一"假日期间，郑州新郑首次推出4条文物考古研学游径，景德镇、佛山、常州、邯郸、镇江、南阳等地共举办了41场音乐节和数十场演唱会，更有《红楼梦》《俑立千年》等舞台艺术、《志愿军》等影视作品，为广大游客和市民提供了丰富多彩的精神享受和文化选择。浙江借助亚运会推出"看亚运 游浙里"十大亚运文旅精品线路、北京延庆举办首届宇宙岛音乐节，让游客沉浸式体验中国航天文化、感受新时代建设新成就。哈尔滨极地公园数千名小学生入园参与企鹅、白鲸、北极狼等海洋动物的研学课程，让我们看见了书生意气的研学，也看见了家国天下的旅行。"世界那么大，我要去看看"的游客遇见了"让我们看见世界，也让世界看见我们"的艺术，"读万卷书，行万里路"的阳光便洒满了万千行者的旅途。这是看展式社交、国风汉服、围炉煮茶、音乐雅集的底层逻辑，也是中国式旅游该有的样子。

智慧旅游沉浸式新产品新场景成为消费新热点，长安十二时辰主题街区、尼山圣境、上海天文馆等沉浸式游戏、古今交融的国风、文创、研学等丰富业态为游客们提供了多样化体验。2023年9月28日开业的郑州海昌海洋世界，以全球首座奥特曼主题小镇和帝企鹅、北极熊、海象的"帝王象"组合；珠海长隆最近推出的"宇宙飞船"项目，创下了世界最大室内乐园、最大水族馆等

七项世界纪录，开启了文旅 IP 重资产化的新阶段。更多的旅游景区度假区则通过内容创造和场景营造，持续提升产品内涵和服务品质。欢乐谷旗下 14 家主题乐园推出"国色生欢""Happy China"主题玩法，成功吸引了大量亲子客群。郑州银基国际旅游度假区的星光大巡游、裸眼 3D 等高科技含量和高文化创意的新项目，融科普研学与亲子互动一体，增强了游客体验感和满意度。红旗渠景区增加了商贸、酒店、研学、情景表演和特色餐饮服务，假日期间的非门票收入已经占到总收入的三成以上，为非中心城市的国有重点景区门票价格下调路径做出了有益探索。南浔古镇举办廊桥音乐市集，福州三坊七巷的"幸福新图景"，以数字技术和文化创意增强了游客体验的品质感。

二、国内旅游发展趋势展望

2023 年主要节假日如元旦、春节、五一劳动节、端午节、"中秋＋国庆"等旅游人数和旅游收入均比 2022 年有一定程度增长，全年呈现出高开稳增的态势。尤其"中秋＋国庆"8 天超长假期，国内旅游出游人数和国内旅游收入均恢复至 2019 年水平，并有微小提升。国内旅游出游人数 8.26 亿人次，按可比口径较 2019 年增长 4.1%；实现国内旅游收入 7534.3 亿元，按可比口径较 2019 年增长 1.5%，实现了预期的增长。过去的三年确实过去了，旅游经济将稳步转入理性繁荣的新阶段。

随着各级旅游业"十四五"发展规划落地实施，加上新一轮的文化和旅游消费促进政策的贯彻落实，将从政策托举和供给拉动两个方面为国内旅游发展带来可以预期的增长空间。综合判断，2023 年旅游经济积极乐观。预计全年国内旅游人次和旅游收入将达到 54.07 亿人次和 5.2 万亿元（见图 2-1），分别恢复至 2019 年同期的 90% 和 91%，分别比 2022 年增长 113.7% 和 154.9%（见图 2-2）。

各级政府将透过数据科学把握旅游经济形势和阶段特征，以更加理性务实的态度推动旅游业高质量发展，让政府的归政府，市场的归市场。把稳预期、扩需求、增投资、促增长放在更加重要的位置上。以更大的调控力度、更精准的施策、更有效的组合，确保国内旅游的刚性出行需求不减、弹性旅游需求增长，进一步扩大投资、转化动能，有效增强旅游业界信心。

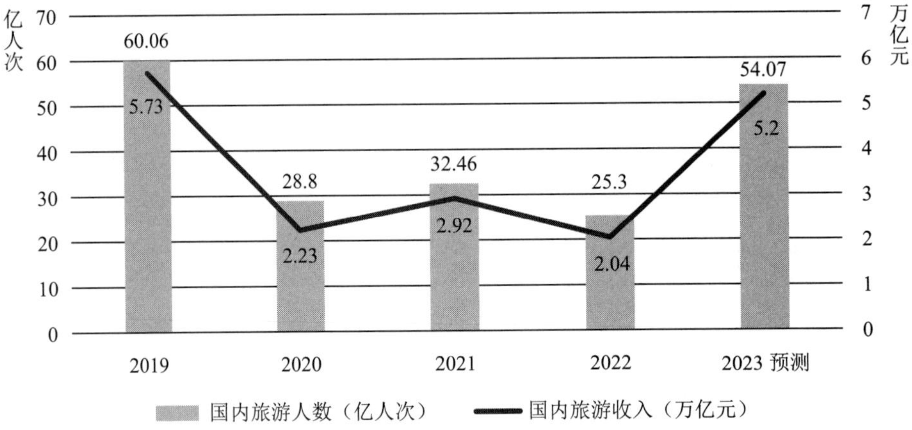

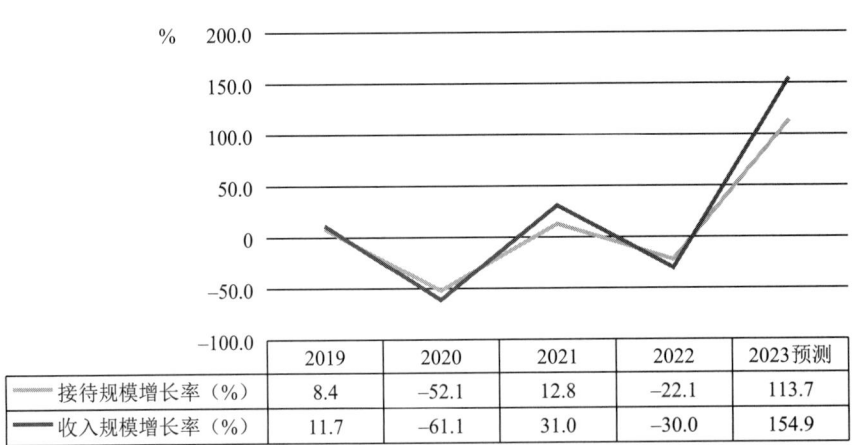

图 2-1　2019—2023 年国内旅游人数和收入

	2019	2020	2021	2022	2023预测
接待规模增长率（%）	8.4	-52.1	12.8	-22.1	113.7
收入规模增长率（%）	11.7	-61.1	31.0	-30.0	154.9

图 2-2　2019—2023 年国内旅游接待和收入规模增长率

（一）政府出台促进消费政策推动旅游业高质量发展

各级政府在释放旅游消费潜力，营造人民群众放心出游、安心消费，企业扩大投资和研发投入的环境等方面做了很多行之有效的工作。随着促进消费政策释放效应的逐步显现，国内旅游未来发展重点将包括文化旅游、海洋旅游、研学旅行、避暑旅游、老年旅游、度假旅游、旅游休闲街区等新业态、新场景、新空间。

（二）各级政府围绕国家战略引导地方和业界以创建促发展

围绕国家文化公园、世界级旅游景区和度假区、国家级旅游休闲城市和街区等国家战略，各级党委和政府都在围绕政策和制度创新制定规划和行动计划，努力推进文化和旅游融合发展，促进国内旅游市场扩容升级。以旅游场景创造和旅游消费升级吸引更多的资本、技术和创业团队进入旅游业。在供给侧政策创新方面，有意识地加强对小微企业的政策支持和专业指导。

（三）都市休闲、周边和近程旅游已经成为旅游业高质量发展的市场重心

从供给侧来说，疫情迫使多数旅游投资创业机构和市场主体改变传统的投资模式、商业形态、业务板块布局和内控管理策略，更加强调现金流的稳定，加杠杆投资更加谨慎。都市休闲、周边和近程旅游已经成为旅游业高质量发展的市场重心之所在，也是旅游投资特别是空间布局优先考虑的变量因素。

（四）旅游产业的变革和创新意识进一步彰显

越来越多的旅游集团和专业运营开始适应旅游需求的多样性与个性化，以数字化转型、组织变革、产品研发、服务升级和商业模式创新重归公众视野，用创新和努力推动旅游业高质量发展。

（五）非传统旅游目的地和非热点城市受关注

反向旅游、平替旅游、治愈旅游的"45度躺平"带动非传统旅游目的地和非热点城市受关注。疫情后目的地格局重构是全球普遍出现的新现象。在保持大型节点城市和热门旅游城市的高水平供给的同时，应适度关注非传统旅游目的地和非热点城市。尤其是在基础设施、商业环境和公共服务方面，逐步做好散客化和自助游时代下的各项准备。

（六）旅游业对散客化时代的个性化体验和专业化定制需求的应对变得更有韧性

小微型企业的商业创新和技术研发的市场转化明显加速，旅游、休闲、文化、艺术、体育、科技等诸业态相互融入的趋势越来越明显。创业创新者多为跨界而来的科技文化和艺术团队。未来大型旅游集团和在线平台可以更加开放的生态与小微企业、创业团队等互动合作，开发体验性、专业性强的旅游项目，满足散客化时代的个性化体验和专业化定制需求。

（七）乡村惠民政策促进城乡旅游均等化

在现有政策框架内，通过加大乡村旅游规划、资金、项目、人才等方面支持力度，重点弥补乡村居民出游和乡村旅游设施的短板，以乡村旅游发展促进乡村振兴。以欠发达地区和脱贫乡村为重点，加大农村居民出游的高度关注、合理保障和优惠倾斜。

第三章
国内旅游客源市场特征

一、国内旅游客源市场总体特征

（一）国内旅游客源市场呈现积极复苏态势

2022年，面对疫情散发多发、极端高温天气等多重超预期因素的反复冲击，加上发展环境的复杂性、严峻性、不确定性上升，旅游市场呈现出疫情三年以来最严重的态势，旅游行业遭受较为明显的冲击。

根据国内旅游抽样调查统计结果，2022年国内旅游者出游总25.30亿人次，比2021年下降22.1%。其中，城镇旅游者国内出游19.28亿人次，占比76.28%，比2021年下降17.7%；农村旅游者国内出游6.01亿人次，占比23.72%，比2021年下降33.5%（图3-1）。

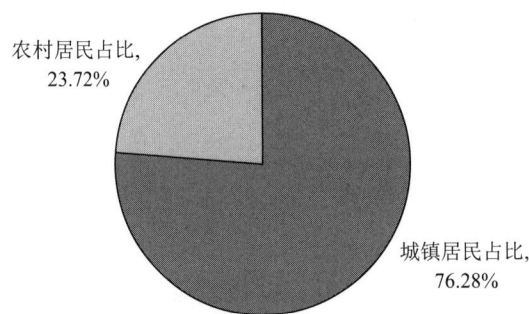

图3-1　2022年国内旅游人数城镇和农村居民占比

2022年我国居民国内旅游总消费2.04万亿元，下降30.0%。其中，城镇居民国内旅游消费1.69万亿元，占比82.57%，比2021年下降28.6%；农村居民游客消费0.36万亿元，占比17.43%，比2021年下降35.8%（图3-2）。

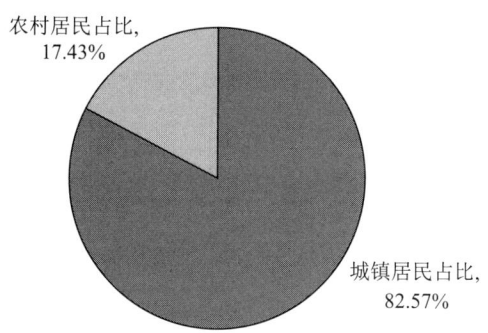

图 3-2 2022 年国内旅游消费城镇和农村居民占比

（二）国内旅游需求具有强劲韧性和增长动力

从近年的国内旅游发展趋势来看，国内旅游市场需求长期保持着强劲的增长态势（图 3-3）。在 2011—2019 年，国内旅游出游人数从 2011 年的 26.41 亿人次增长到了 2019 年的 60.06 亿人次，8 年间增长了 1.27 倍。国内旅游总消费从 2011 年的 1.93 万亿元增长到了 2019 年的 5.72 万亿元，8 年间增长了 1.97 倍。

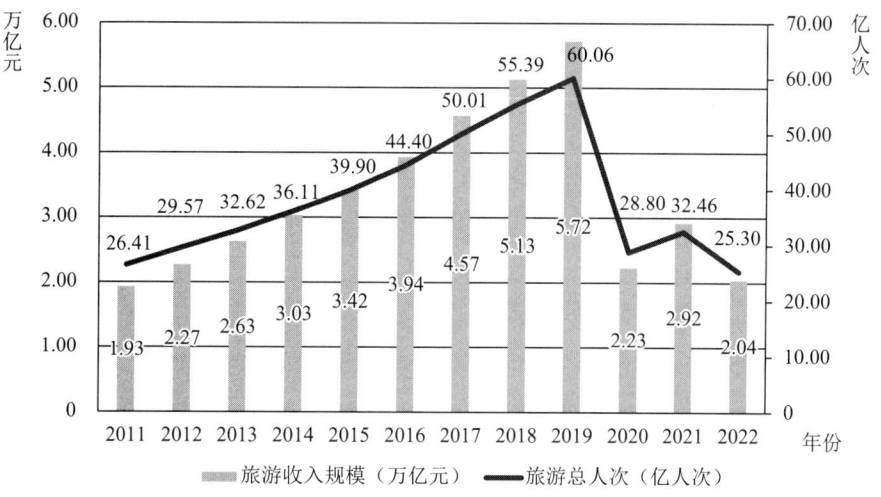

图 3-3 2011—2022 年国内旅游接待量和收入规模的变化

2020 年国内旅游市场需求受到新冠肺炎疫情的影响，出现了大幅度的下跌，但是在疫情形势相对平稳后，在一系列国内旅游促进政策的支撑下，国内旅游市场需求又呈现出迅速企稳回升的趋势，表现出极强的韧性（图 3-4）。2021年，国内旅游总消费从 2020 年的 2.23 万亿元迅速回升到 2021 年的 2.92 万亿元，上升幅度为 31.00%。而在国内旅游出游人数从 2020 年的 28.79 亿人次回升到 2021 年的 32.46 亿人次，上升幅度为 12.80%（见图 3-3）。在国内旅游出游规模迅速恢复的同时，还伴随着国内旅游消费质量的总体提升。受到疫情的严重影响，2022 年国内旅游人次又从 2021 年的 32.46 亿人次下降到 25.30 亿人次，下降幅度为 22.10%，而国内旅游总消费从 2021 年的 2.91 万亿元下降到 2.04 万亿元，下降幅度为 30.00%。

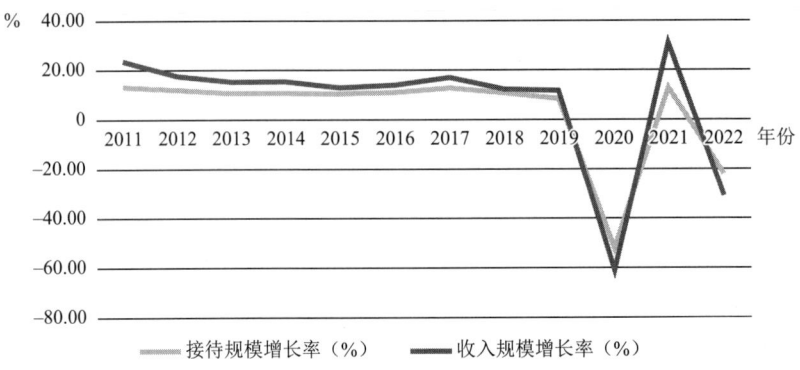

图 3-4　2011—2022 年国内旅游市场增长率

新冠疫情仍然是导致国内旅游市场需求波动的最主要因素。从 2022 年的四个季度来看，国内旅游增长呈现出"波动明显"和"先急后缓"的特征。2022 年第一季度国内旅游出游人数达 8.30 亿人次，占全年出游总人数的 32.8%。

在第一季度之后，国内旅游出游人数的增速急剧下降。2022 年第二季度国内旅游出游人数为 6.25 亿人次，比 2021 年第二季度下降 26.20%。2022 年下半年的国内旅游出游人数与 2021 年下半年相比则有所减少，第三、四季度均同比降低 20% 左右，国内旅游出游人数分别仅有 6.39 亿人次、4.36 亿人次（图 3-5）。

第三章 国内旅游客源市场特征
Chapter 3 Characteristics of Domestic Tourism Source Markets

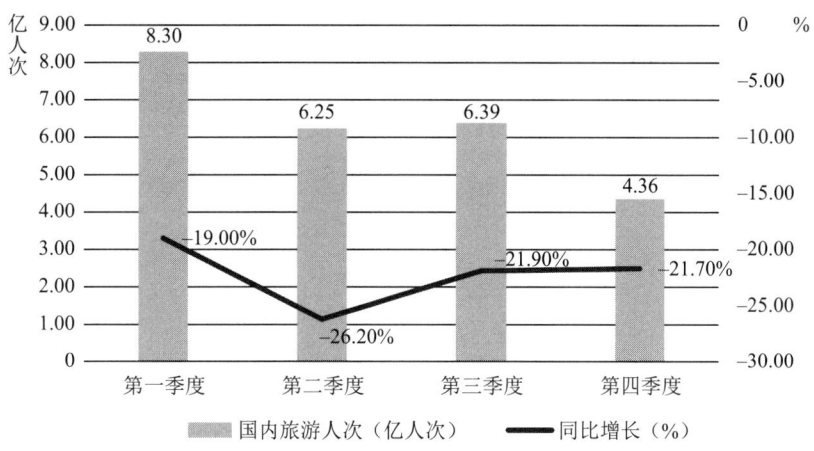

图 3-5 2022 年分季度国内旅游人数

（三）国内旅游需紧握复苏新形势和新契机

2023 年，正值旅游业"十四五"发展规划落地实施，加上新一轮的文化和旅游纾困扶持政策的贯彻落实和地方创新，将从政策托举和供给拉动两个方面为全年的国内旅游发展带来可以预期的增长空间。随着财政政策、金融政策和产业纾困扶持措施的综合发力，中央和地方对基础设施、公共服务和科技创新的持续投入，国内旅游发展的基础更加坚实，进而为旅游经济运行注入更多的市场信心。

2023 年总体来看，有望实现国内旅游出游人数和国内旅游消费的持续稳健复苏，从游客平均出游距离、目的地平均游憩半径、旅游消费结构、自驾游比重，以及游客满意度等微观结构性指标来看，旅行旅游和接触性消费正常化政策的边际效应趋于递减，旅游经济开始步入市场内生和创新驱动的新常态，在科技、创意、投资和企业家信心的共同作用下，旅游经济将稳步转入理性繁荣的新阶段。

二、国内旅游客源市场人口结构特征

（一）国内旅游客源市场呈现城乡二元结构

如图 3-6 所示，2022 年的国内旅游出游人数中，城镇旅游者国内出游 19.3 亿人次，占比 76.28%，比 2021 年下降 17.7%；农村旅游者国内出游 6.0 亿人次，占比 23.72%，比 2021 年下降 33.5%。

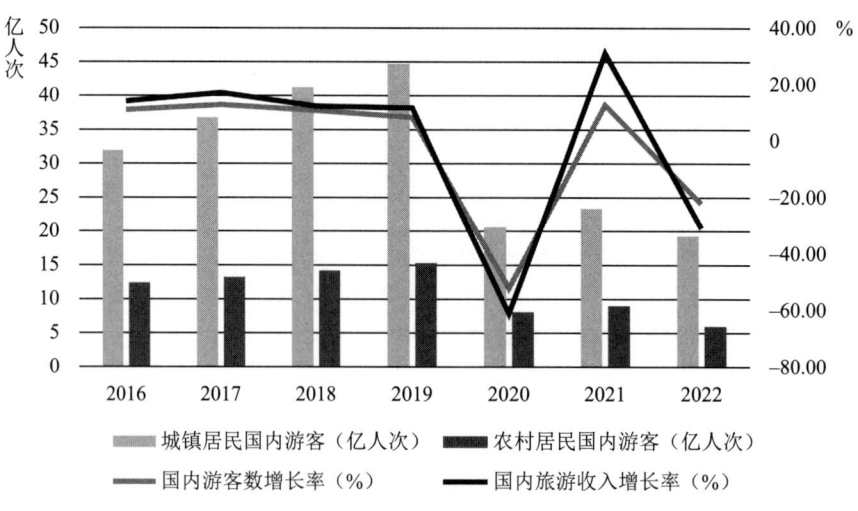

图 3-6　2016—2022 年城乡居民国内旅游人数总量和增长率

在 2016—2022 年，城镇居民的国内旅游出游人数都显著高于农村居民（见图 3-7），这是多重经济社会因素共同作用的结果。首先，城镇居民的国内旅游出游率远高于农村居民，2021 年城镇居民的国内旅游出游率为 303.76%，农村居民的国内旅游出游率仅为 149.97%。其次，我国的城镇化率一直在提升，城镇人口比重从 2016 年的 57.4% 上升到 2022 年的 65.22%，城镇居民占了我国总人口的大多数。在城镇居民国内旅游出游率持续提升和城镇化稳步推进的背景下，预计我国城镇旅游者占据国内旅游客源市场主体的特征还将长期持续下去。

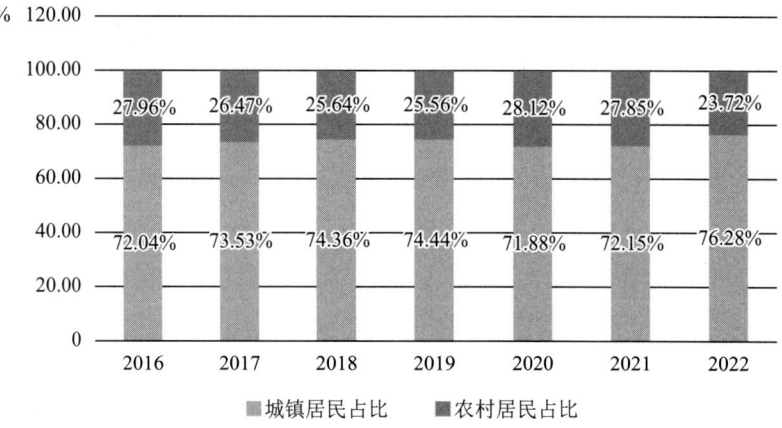

图 3-7　2016—2022 年城乡居民国内旅游人数占比

从出游时间分布上来看，城镇居民的国内旅游出游受到节假日、寒暑假、带薪年休假等可利用休闲时间分布上的限制，所以表现出集中出游的特征，春节黄金周、暑期、国庆黄金周等是出游较为集中的时段。农村居民的出游活动主要受农闲时间分布的影响，总体来看，农村居民国内出游更为灵活，在公共节假日等集中出游时间以外，农村居民是重要的旅游群体，可与城镇居民形成错峰出游的互补格局。

（二）城镇和农村旅游者具有差异化行为特征

1. 城镇居民国内旅游行为特征

2022年，我国城镇居民国内旅游的目的分组中，以探亲访友为主要目的的占45.0%，其次是出差开会商务占17.0%，再次是观光游览占16.1%，休闲度假、文娱体育健身、养生保健疗养以及其他旅游目的的游客占比分别为15.8%、2.5%、1.0%、2.6%。可以看出，探亲访友是我国城镇居民国内旅游的首要出游目的（图3-8）。与2021年纵向对比，2022年以开会出差商务、观光游览为主要目的的城镇国内旅游者比重分别上升了3.0%和下降了3.5%。

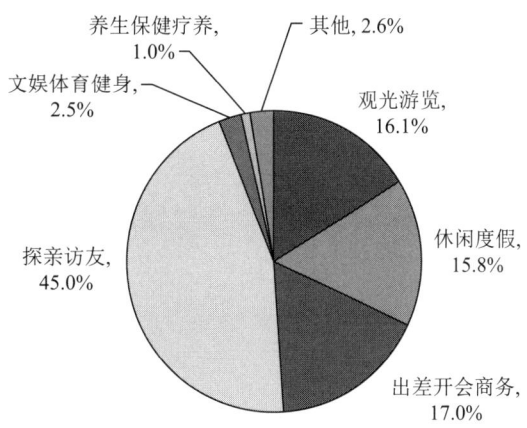

图3-8 2022年城镇居民国内旅游者出游目的构成

从旅游消费来看，我国城镇居民2022年国内旅游每次出游人均花费约876.56元，与2021年相比下降13.17%。按旅游目的进一步细分并排序，出差开会商务游客人均花费最高，达1680.2元；养生保健疗养游客人均花费916.9元；休闲度假游客人均花费814.7元；观光游览游客人均花费769.1元，探亲访友游客人均花费695.7元，文娱体育健身游客人均花费529.2元，其他旅游目的人均花费606.0元（图3-9）。以养生保健疗养为目的的城镇居民国内旅游者人均花费，显著高于休闲度假和观光游览旅游者，说明我国旅游者在门票、交通、住宿、餐饮等传统旅游要素以外的旅游新产品、新业态领域消费开始增加，国内旅游的产业体系和价值创造能力正在进一步发展升级。

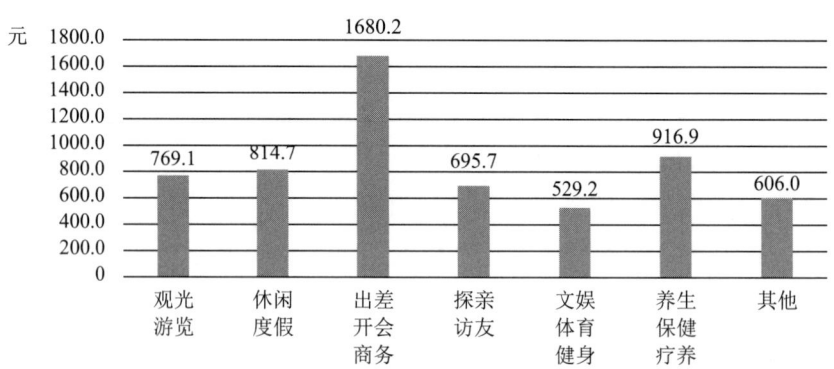

图3-9　2022年城镇居民国内旅游者按出游目的人均每次花费

2. 农村居民国内旅游行为特征

2022年，农村居民的国内旅游首要出游目的与城镇居民相似，探亲访友所占比例最高，占到44.9%，其次是出差开会商务，占到20.1%，再者是观光游览，占到12.2%。其余几个目的的旅游人数所占比重相对较低，其中休闲度假占7.8%，养生保健疗养占2.4%，文娱体育健身占1.2%，其他旅游目的占11.5%（图3-10）。与城镇居民相比，农村居民的出游目的中观光游览、度假休闲所占比重相对较低。

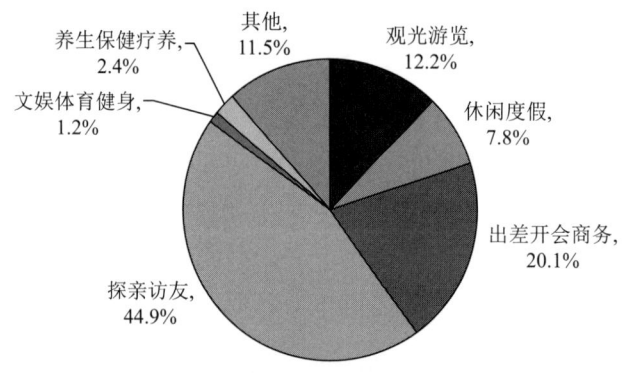

图3-10　2022年农村居民国内旅游者出游目的构成

2022年，农村居民每次出游人均花费约为599元，相当于城镇居民的68.3%，比2021年下降2.37%。按旅游目的细分并排序，出差开会商务每次出游人均花费最高，达1019.5元；休闲度假每次出游人均花费是726.3元；观光游览每次出游人均花费是667.0元；养生保健疗养每次出游人均花费626.6元；探亲访友每次出游人均花费475.4元；文娱体育健身每次出游人均花费370.2元；其他旅游目的每次出游人均花费514.9元（图3-11）。数据显示，在农村居民国内旅游者中，以出差开会商务为目的的国内旅游者虽然仅占总人数的20.1%，但却是每次出游人均花费最高的类别。

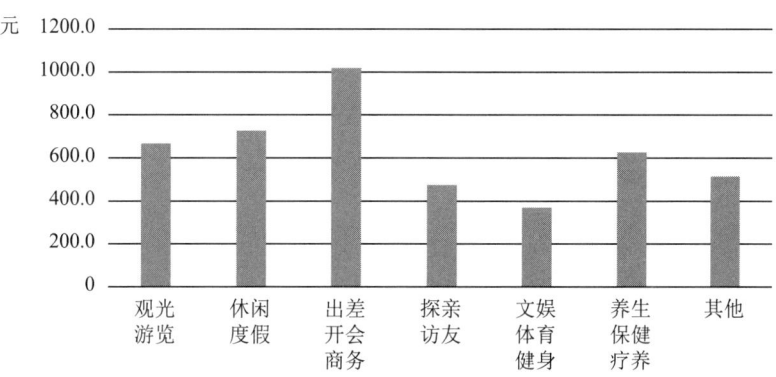

图3-11　2022年农村居民国内旅游者按出游目的人均每次花费

3.城乡居民旅游行为特征对比

对比2022年城镇居民和农村居民的国内旅游出游行为特征后可以发现，虽然我国城乡居民的收入差距正在逐渐缩小，但是国内旅游发展的城乡二元结构仍然存在。

从出游目的构成来看，城镇居民和农村居民均倾向于探亲访友、出差开会商务、观光游览和休闲度假，且两者在出差开会商务方面的花费都是最高的。但是，城镇居民在养生保健疗养方面的每次出游人均花费明显高于观光游览和休闲度假，而农村居民则依旧是休闲度假的每次人均出游花费最高。

三、国内旅游客源市场分省份特征

（一）东部区域占全国一半旅游客源市场

按照国家战略和区域政策特征，可以将我国大陆地区31个省、直辖市和自治区划分为东部地区、中部地区、西部地区和东北地区等四大区域。其中东部地区包括北京、天津、河北、上海、江苏、浙江、福建、山东、广东、海南，中部地区包括山西、安徽、江西、河南、湖北、湖南，西部地区包括内蒙古、广西、重庆、四川、贵州、云南、西藏、陕西、甘肃、青海、宁夏、新疆，东北地区包括辽宁、吉林、黑龙江。

2022年，我国的国内旅游客源市场从空间分布来看呈现出显著的区域差异特征。综合考虑国内旅游者的出游次数和停留时间等因素，2022年东部区域占据了56.33%的国内旅游客源市场，其次是中部区域，占据了24.77%，西部区域占据了16.77%，而东北区域仅占2.13%（图3-12）。东部区域10个省市占据了全国近六成的国内旅游客源市场，较2021年增长5.11个百分点，依旧是国内旅游的主要客源地和市场营销的重点目标区。东北地区仍处于相对弱势的区域，未来要持续发力激发旅游消费需求。

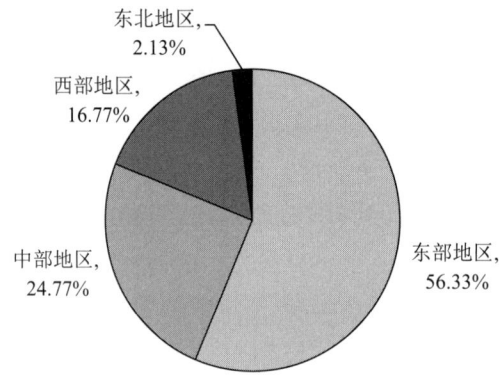

图3-12 2022年各区域国内旅游客源市场规模

（二）各省份客源市场规模及出游率呈显著差异

通过计算2022年31个省市区的客源市场规模特征可得图3-13。其中，客源市场规模指数反映了该省份的国内旅游客源市场规模的大小，国内出游率指数则反映了该省份居民每年国内旅游出游次数的多少。两个指数都进行了标准化处理，1代表31个省市区中的最大值，0则代表最小值。

通过观察图3-13可以发现，浙江、江苏、广东、湖南、湖北等省份具有最大的国内旅游客源市场规模，浙江、北京、重庆、湖北、江苏等地的居民具有最高的国内旅游出游率。综合考虑上述两个指标，浙江、江苏、湖北、湖南、广东、北京等地都是全国最重要的国内旅游客源市场。

同时可以发现，西藏、黑龙江、内蒙古、新疆、甘肃等省区的国内旅游客源市场规模最小，黑龙江、河北、内蒙古、新疆等省区居民的国内旅游出游率则较低。综合考虑两大指标，黑龙江、内蒙古、甘肃、新疆、河北等省区的国内旅游市场潜力还有待进一步开发。

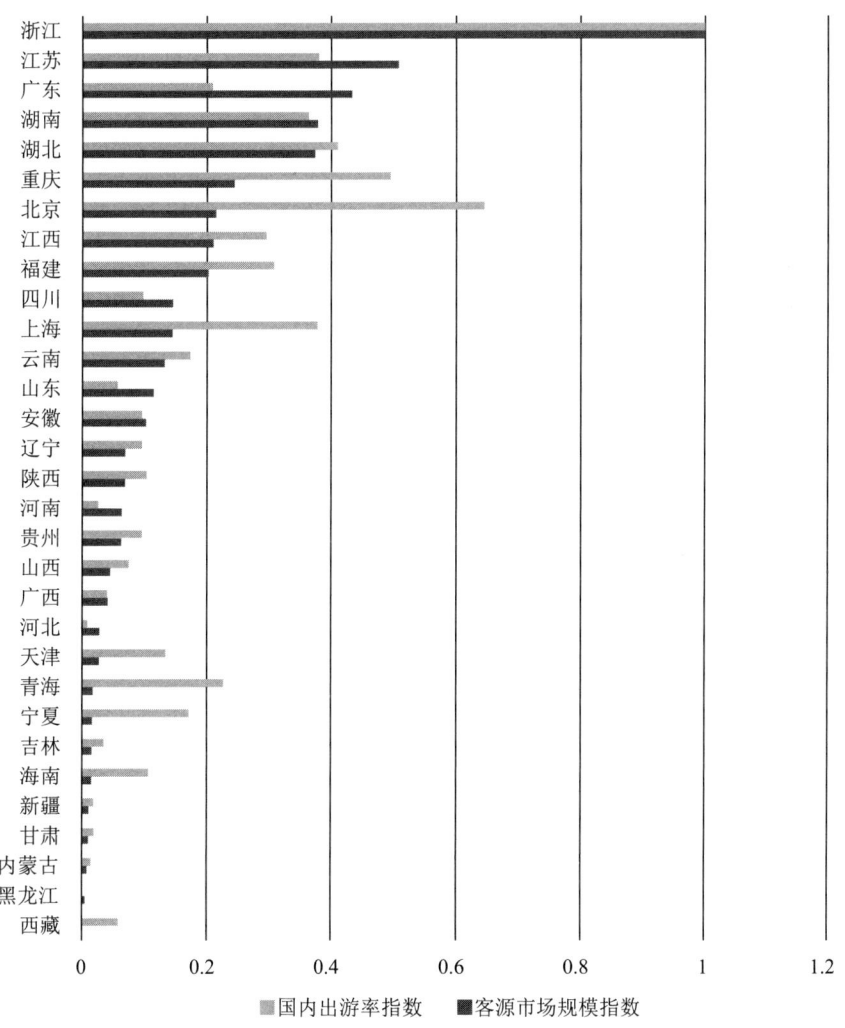

图 3-13 2022 年各地区国内旅游客源市场规模和出游率指数

第四章

国内旅游目的地市场特征

一、国内旅游目的地市场总体特征

全国的国内旅游目的地市场也可以分为东部地区、中部地区、西部地区和东北地区等四大区域旅游目的地市场。2017年以来国内旅游目的地市场的发展历程可以大致划分为三大阶段，本章将从区域视角重点分析最近6年来国内旅游目的地市场发展的主要特征。

（一）2019年前国内旅游目的地市场呈现快速收敛发展态势

图4-1描述了国内旅游目的地市场在2017—2022年的6年时间内，四大区域的国内旅游接待人数发展变化情况。

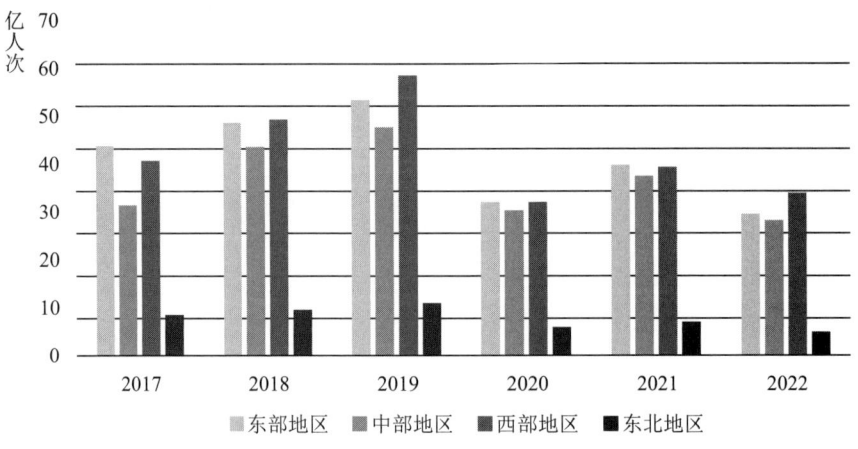

图4-1 2017—2022年分区域国内旅游接待人数

在2017—2019年的3年时间内，四大区域的旅游接待人数均呈现出快速增长的趋势，特别是西部地区，在西部大开发的宏观战略背景下，国内旅游接待人数在过去20年的时间内保持加速增长的态势，与东部地区的差距不断缩小，并在2019年超越东部地区成为全国接待国内旅游人数最多的区域。近年来，中部地区与东部地区的差距也在不断缩小。尤其是在2022年，西部地区接待人数

第四章 国内旅游目的地市场特征
Chapter 4 Characteristics of Domestic Tourism Destination Markets

超过东部地区。总体而言，2019年之前我国的国内旅游目的地在总体快速发展的同时呈现出区域收敛性发展的趋势，基数较低的区域反而增长速度更快，全国一体化的旅游目的地体系正在迅速形成。

（二）2020年国内旅游目的地市场受疫情影响急剧下跌

2020年，受到新冠肺炎疫情影响，国内旅游目的地的接待人数断崖式下跌。其中东部地区从2019年的53.46亿人次下降到2020年32.18亿人次，降幅为39.8%；中部地区从2019年47.74亿人次下降到2020年的30.35亿人次，降幅为36.4%；西部地区从2019年58.54亿人次下降到2020年的32.14亿人次，降幅为45.1%；东北地区从2019年的11.02亿人次下降到2020年的5.98亿人次，降幅为45.7%。在新冠疫情背景下，国内旅游目的地受到了极大的影响，而受影响程度又以本地客源市场较小、更为依靠远程客源市场的东北地区和西部地区最为严重。

（三）2021年国内旅游目的地接待人数稳步恢复

2021年，在常态化疫情防控背景下，我国旅游市场正在逐步恢复。其中东部地区的国内旅游接待人数从2020年的32.18亿人次增长到2021年的39.86亿人次，涨幅为23.9%；中部地区的国内旅游接待人数从2020年的30.35亿人次增长到2021年的37.59亿人次，涨幅为23.9%；西部地区的国内旅游接待人数从2020年的32.14亿人次增长到2021年的39.44亿人次，涨幅为22.7%；东北地区的国内旅游接待人数从2020年的5.98亿人次增长到2021年的7.12亿人次，涨幅为19.1%。

2021年，各地区国内旅游收入如图4-2所示，东部地区以57 344.68亿元的国内旅游收入稳居四大区域首席，而中部地区的国内旅游收入则为38 806.71亿元，约为东部地区的67.67%。西部地区凭借优越的地理环境、丰富的文化资源吸引着众多旅游者前往游览。2021年西部地区旅游收入为44 440.64亿元，略高于中部地区，但与东部地区相比还有较大的差距。东北地区旅游收入为8172.91亿元，受冬奥会的影响，冰雪旅游成为热门，东北地区旅游收入较2020年有所增长。

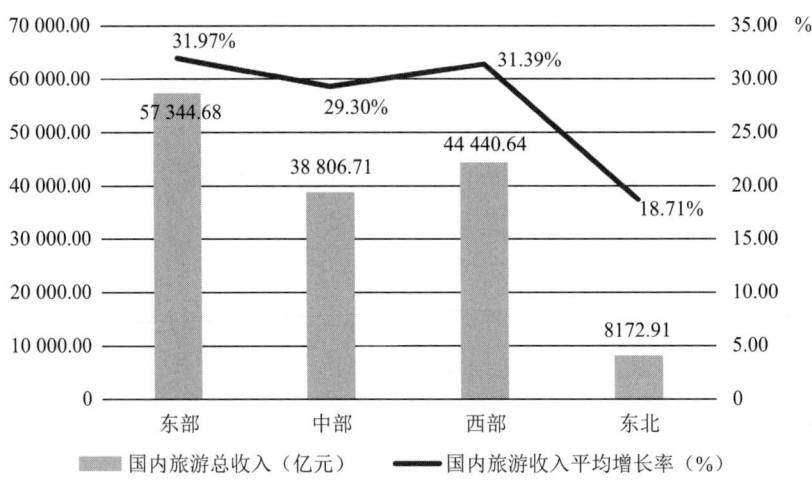

图 4-2 2021 年分区域国内旅游总收入和增长率

从发展速度来看，2021 年国内旅游目的地市场相比较 2020 年呈现出企稳复苏的趋势。在四大区域中，东部地区和中部地区恢复发展的速度最快，西部地区的复苏速度居中，而东北地区的恢复速度最慢。

（四）2022 年市场景气下探，国内旅游跌至疫情以来新低

2022 年，受疫情严重影响，我国旅游市场受到打击。其中，东部地区的国内旅游接待人数从 2021 年的 39.86 亿人次降低到 29.56 亿人次，降幅为 25.8%；中部地区的国内旅游接待人数从 2021 年的 37.59 亿人次降低到 28.25 亿人次，降幅为 24.8%；西部地区的国内旅游接待人数从 2021 年的 39.44 亿人次降低到 34.01 亿人次，降幅为 13.8%；东北地区的国内旅游接待人数从 2021 年的 7.12 亿人次降低到 5.03 亿人次，降幅为 29.4%。

2022 年，各地区国内旅游收入如图 4-3 所示，东部地区以 39 613.97 亿元的国内旅游收入稳居四大区域首席，而中部地区的国内旅游收入则为 27 818.09 亿元，约为东部地区的 70.22%。西部地区凭借优越的地理、丰富的文化资源吸引着众多旅游者前往游览。2022 年西部地区旅游收入为 35 343.77 亿元，稍高于中部地区，与东部地区相比存在一定的差距。东北地区旅游收入为 4137.20 亿元，较 2021 年下降严重，同比降低 49%。

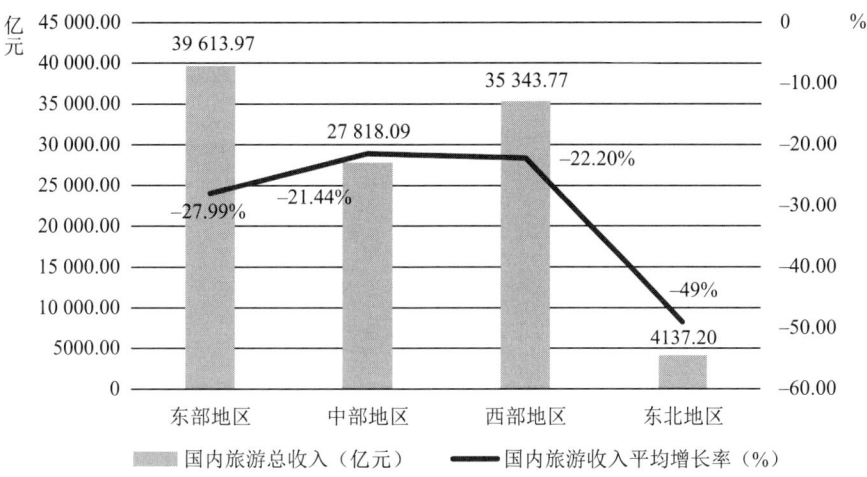

图 4-3 2022 年分区域国内旅游总收入和增长率

从发展速度来看，2022 年国内旅游目的地市场相较于 2021 年呈现出急速下降的趋势。在四大区域中，东北地区的下降速度最快，东部地区的下降速度居中，中部地区和西部地区的下降速度最慢。

二、国内旅游目的地市场分区域特征

（一）国内旅游总收入

图 4-4 反映了 2022 年我国四大区域国内旅游总收入的占比情况。2022年，各区域的国内旅游总收入存在明显差异，其中东部地区国内旅游总收入为 39 613.97 亿元，占全国旅游总收入的 37.05%，较 2021 年有所下降。中部地区和西部地区旅游总收入分别为 27 818.09 亿元和 35 343.77 亿元，占全国旅游收入的 26.02% 和 33.06%。旅游总收入最少的区域为东北地区，为 4137.20 亿元，仅占全国旅游总收入的 3.87%。

从国内旅游收入的增长率来看，2022 年国内旅游收入最高的东部地区增长率为 -27.99%；其次是中部地区和西部地区，旅游收入增长率接近，分别为 -21.44% 和 -22.20%；东北地区旅游总收入增长率仅为 -49%。

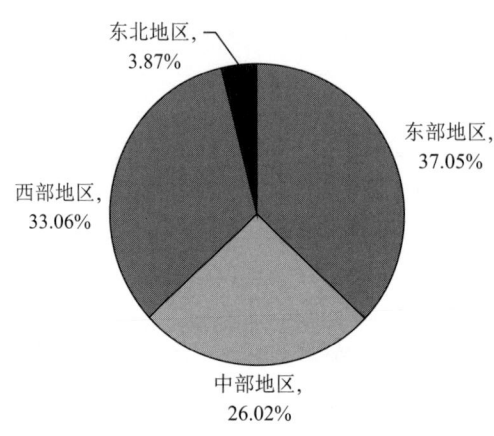

图 4-4 2022 年分区域国内旅游总收入占比

由上述数据可以看出，全国各地旅游经济都处于衰退阶段，四大国内旅游目的地区域较 2021 年均有所降低。其中，2022 年东部地区国内旅游收入的规模稳居全国榜首，良好的交通区位条件、发达的本地出游市场是其发展优势所在。随着西部交通基础设施的逐步完善、旅游吸引物体系日益密集，西部地区也成为仅次于东部地区的重要旅游目的地，国内旅游收入的规模居全国第二位。相比较而言，东北地区的国内旅游发展受到疫情冲击最为严重，下降速度也相对较快。2022 年东北地区的国内旅游收入规模和增长率都排名全国末位，疫情背景下与其他三大地区的国内旅游发展差距进一步拉大。

（二）国内旅游接待人数

由图 4-5 可以看出 2022 年我国四大区域旅游目的地的国内旅游接待人数情况。其中，西部地区的国内旅游接待人数位居全国榜首，人数为 34.01 亿人次；东部地区和中部地区的国内旅游接待人数差距不显著，分别位居全国第二和第三位，为 29.56 亿人次和 28.25 亿人次；东北地区的国内旅游接待人数最少，为 5.03 亿人次。

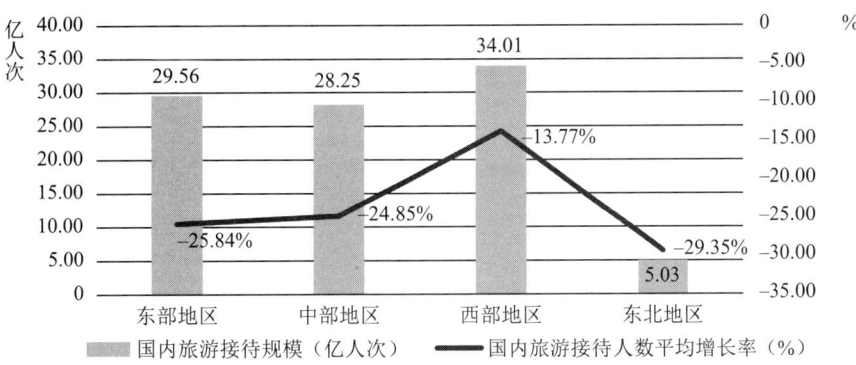

图 4-5 2022 年分区域国内旅游接待人数

从四大区域旅游目的地的国内旅游接待人数占比来看，西部地区人数占比最多，达 35.12%，排在首位；东部地区紧随其后，占比为 30.52%；中部地区为 29.17%；东北地区占比最小，为 5.19%（图 4-6）。

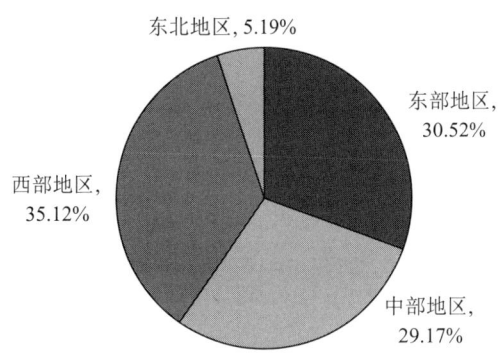

图 4-6 2022 年分区域国内旅游接待规模占比

从上述旅游接待人数的数据可以看出，我国东部地区、西部地区交通通达性好，从旅游人数来看已经成为我国重要的区域旅游目的地。中部地区旅游资源丰富而且处于交通枢纽位置，发展旅游业的综合优势得天独厚，与东部和西部地区的差距不断缩小，在我国国内旅游市场占据越来越重要的地位。东北地区受到疫情影响严重，且近两年恢复速度较慢，与其他三大区域旅游目的地的差距有进一步拉大的风险。

（三）国内旅游人均消费

2022 年四大区域的国内旅游人均消费在全国各地区仍存在较大差异。其中，东部地区的国内旅游人均消费最高,达到1362.90元。其次是中部和西部地区,国内旅游人均消费分别为989.63元和1021.23元。国内旅游人均消费最少的是东北地区,为879.81元(图4-7)。纵向对比,四大区域国内旅游人均消费水平较2021年均有所减少。

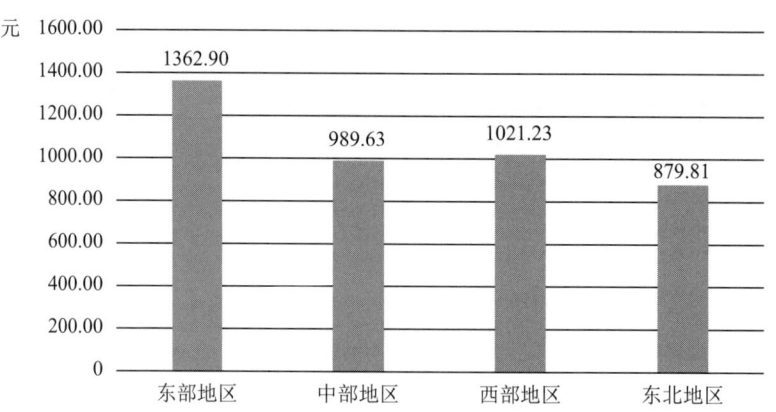

图4-7 2022年分区域国内旅游人均消费

观察上述数据可以发现,各地旅游客源市场和旅游目的地发展水平不同,因此旅游消费能力也有较大差异。东部地区旅游产业体系发达、交通便捷、旅游基础设施配套完善,从而使得其国内旅游人均消费水平最高。西部地区的自然景观、历史文化、民俗风情等资源丰富,同时生态环境质量较高,民俗民风古朴独具特色,具备发展特色旅游的优势条件。近几年国家以及地方政府都比较重视旅游业的发展,相关促进政策不断出台,扶持资金不断涌入,旅游基础设施不断完善,同时受到疫情影响人们更愿意前往广阔的开放地区游览,使得大量旅游者不断涌入西部地区,旅游人均消费水平较高。而中部地区由于本地旅游客源市场相对较小,且旅游产业体系还需要进一步完善提升,旅游产业的价值创造能力较弱,国内旅游人均消费较低。东北地区由于受疫情影响较大,旅游市场规模较小,旅游消费能力也随之降低。

三、国内旅游目的地市场分省份特征

2022年,云南、江苏、四川分列国内旅游收入前三位,云南、江西、四川分列接待旅游人次前三位,云南、宁夏、湖南等省区国内旅游收入增幅最大,广东、重庆、海南等省市国内旅游人均消费最高。

（一）各省份国内旅游收入差距较大，旅游业价值创造能力差异明显

国内旅游收入由国内旅游接待人数和国内旅游人均消费决定，是确定国内旅游目的地发展质量的重要指标，反映了各地区国内旅游业的创造价值能力。

从图4-8可以看出，2022年各省份国内旅游收入存在较大差距，云南省以9449.00亿元排名第一。江苏、四川、湖南、广西排在之后。黑龙江、甘肃、西藏、宁夏、青海的国内旅游收入则处于全国相对靠后的位置。其中青海的旅游总收入为145.29亿元，占全国旅游总收入的比重较低，仅相当云南省旅游总收入的1.54%。

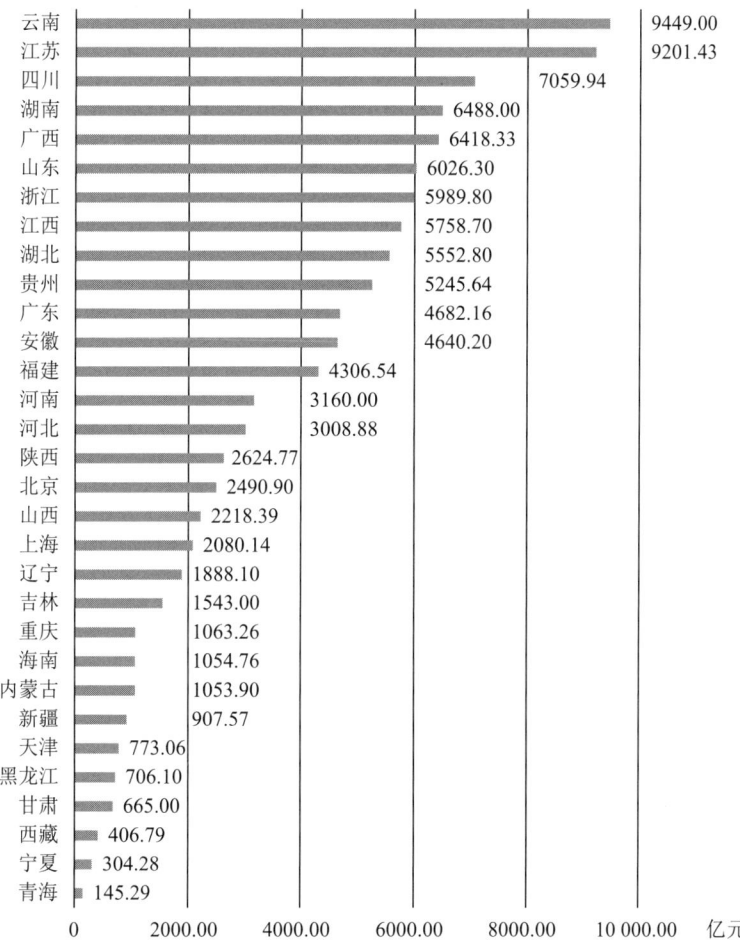

图4-8　2022年各省（自治区、直辖市）国内旅游收入

从纵向对比来看，2022年各省份之间的国内旅游收入增长速度不均衡。国内旅游收入增长率最低的是甘肃，年增长率为-63.90%，其次是天津，增长率为-60.71%。云南地区2022年增长率最高，为21.20%。宁夏紧随其后，是6.30%。总体来看，2022年与2021年相比，国内旅游发展受疫情影响较为严重，绝大部分省份的国内旅游收入均呈现较大幅度的下跌。

（二）各省份国内旅游人数差距显著，呈现东多中少、南多北少格局

从图4-9可以看出，2022年我国各省份的国内旅游接待人数差距较大，其中云南省以8.40亿人次蝉联全国榜首，江西省接待国内旅游人数为6.55亿人次，位居第二位，排名第三位的是四川省，接待国内旅游人数为6.36亿人次，山东省位居第四位，接待国内旅游人数为5.90亿人次。2022年内蒙古、海南、重庆、宁夏、青海、西藏六个省、自治区接待国内旅游人数相对较少，均不足1亿人次。

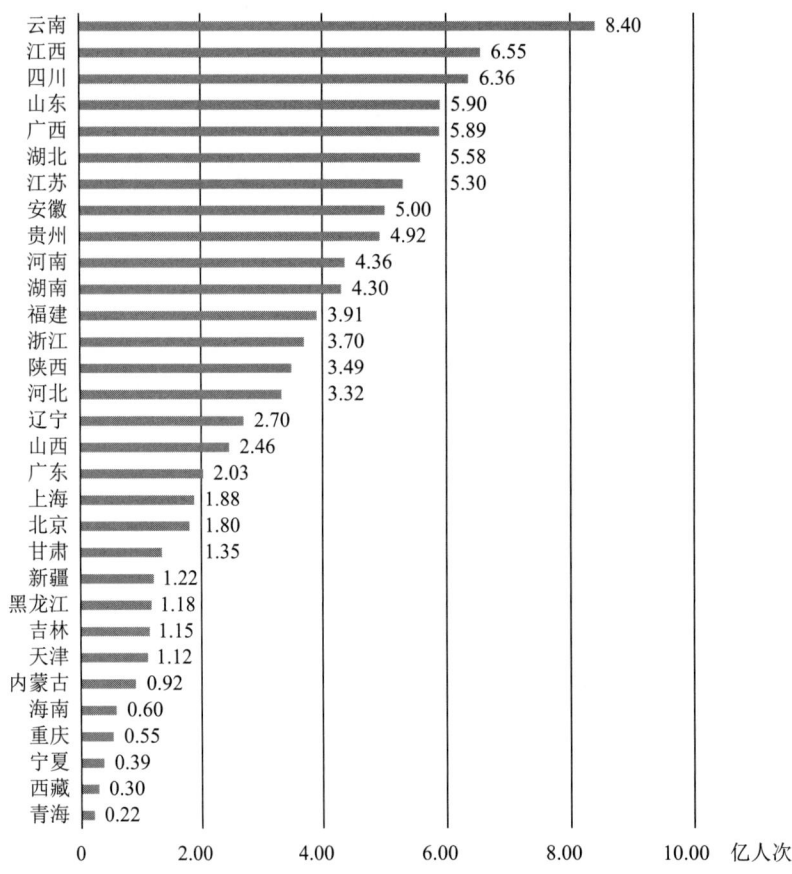

图4-9 2022年各省（自治区、直辖市）国内旅游接待人数

受疫情影响，2022 年我国各省份之间的国内旅游接待人数大多呈现负增长。其中增长率最低的是甘肃，国内旅游接待人数增长率为 -51.80%，辽宁、河南、吉林、青海四个省的增长率也均低于 -40%。其中，云南、宁夏的国内旅游接待人数增长率最高，分别为 27.30% 和 7.20%。

（三）旅游人均消费与旅游产业发展水平呈现正相关关系

国内旅游人均消费指标是由国内旅游收入除以国内旅游人次之后得出，反映了国内旅游每人次的消费额，是展现各地区旅游业创造价值能力的重要指标。

图 4-10 反映了我国 2022 年各省（自治区、直辖市）国内旅游人均消费水平。2022 年广东省的国内旅游人均消费位居全国第一，其国内旅游人均消费达到 2306.48 元，和 2021 年相比稍有降低。除此之外，重庆、海南、江苏、浙江、湖南的国内旅游人均消费也较多，均超过了 1500 元。

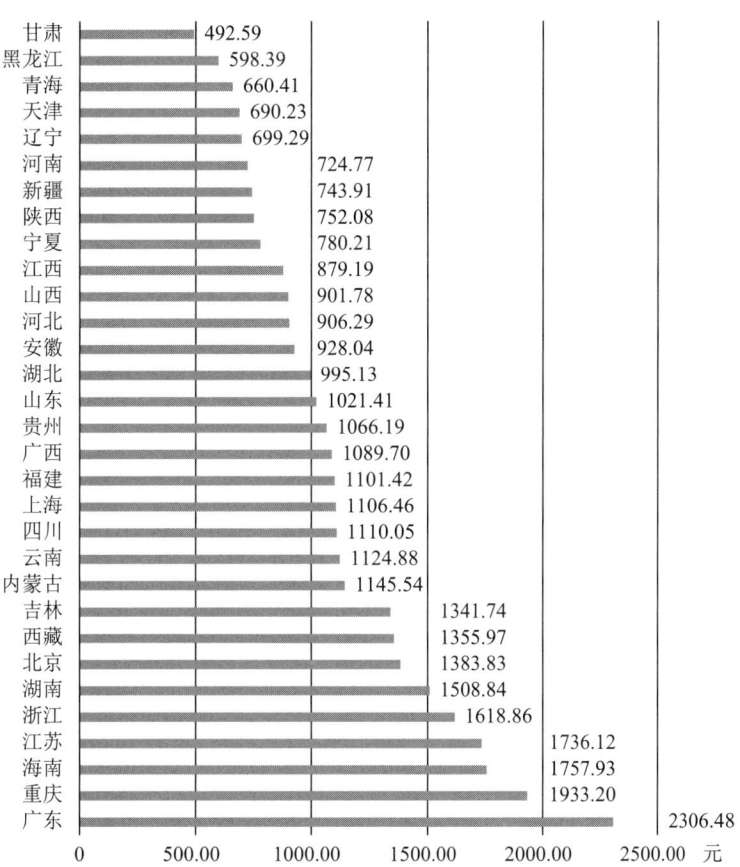

图 4-10　2022 年各省（自治区、直辖市）国内旅游人均消费水平

2022年国内旅游人均消费低于1000元的省份、直辖市数量为14个，和2021年相比数量有所上升，分别是甘肃、黑龙江、青海、天津、辽宁、河南、新疆、陕西、宁夏、江西、山西、河北、安徽、湖北。

从2022年各省份的国内旅游人均消费空间分布来看，并不像国内旅游接待人数或国内旅游收入一样表现出明显的中、东、西、东北分布的特征，而是与旅游目的地的经济发展水平密切相关。其中，我国经济发达的京津冀地区和长江三角地区旅游人均消费较高，而甘肃、青海等中西部省份的旅游人均消费水平则相对较低。其中，仅有6个地区的旅游人均消费水平呈现增长态势，其中重庆市同比增长率最高，达到58.09%，剩余大多数省份均呈现明显的降低态势，差异水平较大。

2022年各省（自治区、直辖市）国内旅游人均消费水平增长率见图4-11。

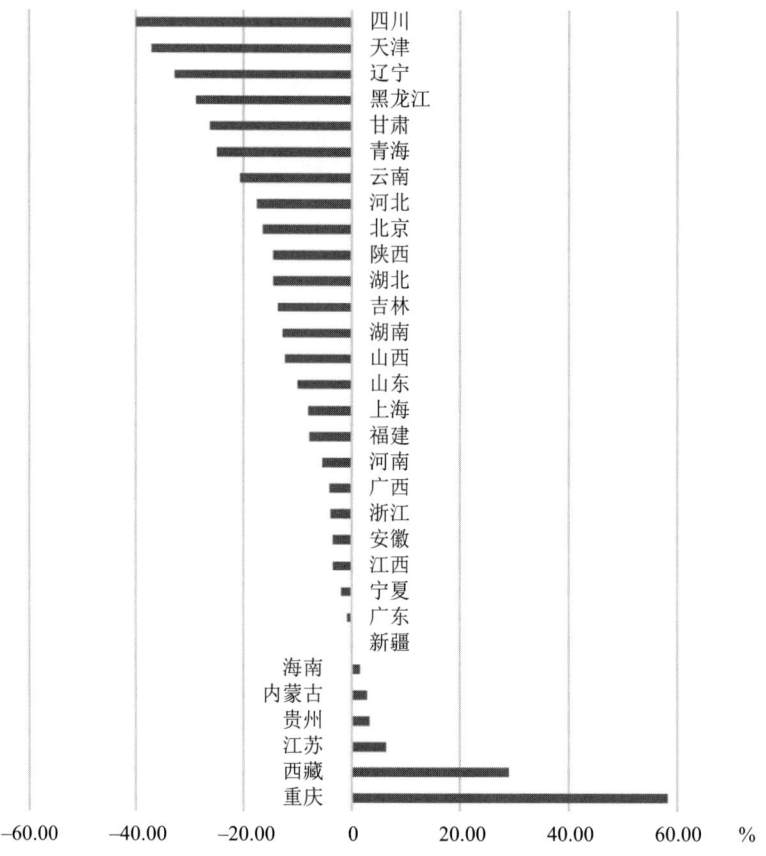

图4-11　2022年各省（自治区、直辖市）国内旅游人均消费水平增长率

四、国内旅游目的地典型案例

1. 神仙居：持续推进生态康养，打造世界级旅居目的地

神仙居旅游度假区设立于2003年，位于国家5A级景区神仙居和仙居国家公园的门户地带，累计引进重大项目15个，核心区面积为17.5平方千米，现已列入国家级旅游度假区创建意向名单。度假区以山水、人文和乡村资源为依托，以神仙文化为主题，形成"山上观光运动、生态探险；山下休闲度假、旅游服务"的联动模式，取得了良好成效。2022年，神仙居度假区成功入选中国旅游研究院旅游度假创新案例，浙江仅两地入选。未来，神仙居旅游度假区将围绕"打造世界旅居目的地"的目标，擦亮国家公园等生态"金名片"，力争建成国家级旅游度假区，助力打造"康养仙居"。

一是树立康养度假新地标，从"半天景观游"升级到"休闲短度假"。依托区域内山、水、泉、乡等资源要素，神仙居度假区做足仙居"仙"文化，以生态、有机、健康的自然环境为背景，围绕康疗、养生、养老为核心打造一系列度假产品和服务设施。自创建以来，希尔顿逸林度假酒店、神仙居君澜度假酒店、登云大健康温泉度假酒店、开元芳草青青房车营地等7个高端酒店和400多家各类档次民宿组成的度假酒店集群效应初显，能够满足游客不同层次的需要。另外，打造神仙居健康城、艾绿"新自然"度假综合体、"氧吧小镇"特色产业风貌样板区等项目，提供温泉理疗、SPA美容、户外运动等多种康养度假产品，形成面向全人群，深入全身心，统领全时段，覆盖全境域的"长三角全养仙境"。

二是加快旅游服务配套设施，统筹推进景区多业态快速发展。立足神仙居旅游度假区，围绕"吃、住、行、游、购、娱"多元联动融合发展，区域环境美化、交通组织优化、服务能力提升等工程。目前，初步建立以悦榕庄、希尔顿等10家品牌酒店为核心的高端度假酒店集聚区；以如意湖生态夜景、商业步行街、森林夜游实景演艺、如意周末剧场为核心的特色夜游区，增强"氧吧小镇"晚间活力，提高夜间经济；以仙居精品本帮菜为核心的特色餐饮集聚区；以神仙居大健康城为核心的特色大健康区；以生物多样性博物馆、神仙居文化创意产业园为核心的特色文化体验区，以神仙大农旗舰店为核心的特色购物区；以生态绿道为核心的小镇游步道特色游览区。

三是巩固深化国家全域旅游示范区建设成果，增强溢出效应。在神仙居景区"大旅游，大产业，大市场"的发展理念和"全县景区化、旅游一体化"的发展要求下，推动仙居旅游从"景区"向"境区"过渡，形成景城一体的全景全时全域旅游发展格局。一方面，构建风貌区蓝绿廊道，串联"氧吧小镇"优美景观和特色产业、台湾农民创业园、神仙居景区及周边各村庄丰富的产业和旅游资源，实现资源、功能、产业互补，推动神仙居景区的产业迭代、产品升级。另一方面，按照"一村一景、一乡一品、一城一貌"理念，持续开展景区村庄、景区镇、景区城和A级景区创建。同时，以"氧吧小镇"为核心辐射作用，推进台州、温州、金华、丽水十县百村的乡村旅游线建设，组建"四市百村"旅游联盟，创新打造乡村旅游集聚区。

2. 老君山：创造文旅消费"新增量"，实现逆增长"出圈"

老君山风景名胜区位于洛阳市栾川县城东区，面积58平方千米，其旅游收入从2007年不足30万元增长到2023年有望突破8亿元，实现了从国有林场到国家5A级景区的蝶变，是我国旅游景区跨越式发展的标杆案例。近年来，老君山已开发建设了以峰林仙境、十里画屏为主题，东区寨沟、西区追梦谷为两翼的七大游览区，并主动顺应"颠覆式创意、沉浸式体验、年轻化消费、移动端传播"的文旅消费新趋势，打造旅游产业化发展新的增长点。未来十五年，老君山景区将以创建世界级旅游景区为抓手和目标，形成世界一流的旅游吸引力、旅游产业经济、旅游知名度和游客满意度。

一是借势流量红利，将"传统+网络"营销有机融合。老君山依托景区资源特色持续创新，以市场为支撑，推动实体营销与网络营销同时发力，实现稳步发展。一方面，老君山着力打造网红打卡点，利用网络达人营销引爆流量，引得数以亿计粉丝关注；官方抖音直播号全年直播达到300天以上，闭园期间进行抖音门票预售，引领景区直播潮流。另外，随着省内市场稳定增长，需要对省外市场进行开发，其又以"峰林仙境·十里画屏"为主题，通过电视、广播、高铁、地铁等媒介全方位推送老君山旅游品牌形象广告。从"网红"到"长红"，老君山多元化的营销形式厚积薄发，打破"夏季旺冬季淡"的局限，呈现出"政治引领、特色创新、系列策划、品牌建设"的良好发展态势。

二是打造多种文化创意产品，促进年轻化消费。自2014年以来，捕捉到创新密码的老君山持续推出仙山花海节、观海避暑节、高山花海节、农民丰收节、山水汉服节等节事活动，将淡季变旺季，实现人气、收入双丰收。除了常态化活动之外，老君山还开展"一元游栾川"惠民活动，开启老君山清新之旅、万枚月饼绘制"彩云追月"字样送去中秋的祝福、677枚土豆拼成"长津湖"字样致敬负重前行的英雄等特色活动，吸引游客的目光。同时，为迎合Z时代年轻人的需求，老君山也进一步丰富业态，通过打造玻璃漂流、丛林穿越、步步惊心等项目，增加游客的体验感。2022年，以传统道家文化与现代数字科技深度融合的沉浸式演艺《知道·老君山》，成功让老君山抓住文旅消费新热点，实现了高口碑、高流量、高收益。

三是利用科技赋能，打造智慧化旅游景区。老君山在全国率先实现刷脸入园、打造一键智慧游的景区。到目前为止，其累计投入1亿余元，完成智慧景区建设，集成安全、交通、气象、票务、客流、餐宿等智慧化服务功能，实现指挥调度、票务系统、信息播报、数据统计、语音导游等全面扩容提升。另外，老君山以科技赋能，利用5G、AR、VR等新技术，将文化元素融入视、触、听、演交互体验中，以可参与、可体验、可互动的文化，打造与年轻群体个性特征相契合的IP，着力打造业态丰富、功能完备的旅游目的地。同时，立足智慧景区优势，以老君山为龙头，构建县域旅游协作机制，搭建老君山旅游信息共享平台，实现资源共享。

3. 浙江安吉余村：开拓共同富裕的"绿水青山路"

2003年，随着浙江全面启动生态省建设，余村提出创建全国首个生态县。2005年，时任浙江省委书记习近平在此发表"绿水青山就是金山银山"的重要理念，为余村指明了高质量绿色发展的方向。十几年来，余村本着绿色、低碳、共富的发展原则，探索"村景合一、全域经营、景区运作"的乡村旅游发展模式，打响了生态旅游、绿色休闲、藏富于民的特色品牌，走上转型发展、绿色发展、和谐发展道路。截至目前，余村已成为中国美丽乡村精品示范村、省级"两山"乡村旅游产业集聚区核心区、全国首个以"两山"实践为主题的生态旅游、乡村度假景区、首批联合国世界旅游组织"最佳旅游乡村"和浙江省首批未来乡村。

一是片区联动规划，探索区域一体化发展模式。立足余村大景区总体规划，以余村为核心，实行余村、大余村、余村大景区片区联动发展，统筹落实各项工作。围绕"1+1+4"余村示范区整体规划，坚定"两山"路，高举"两山"旗，念好"山水经"，大力发展休闲农业，构建"宜学、宜业、宜居、宜游"的"两山"休闲农业新格局，"1+2+N"农业品牌和"两山农耕"区域公用品牌影响力逐步打响。通过各村抱团发展、共建共享，避免了重复投入、重复建设、资源浪费等情况，奋力打造新时代全面展示中国特色社会主义制度优越性重要窗口的美丽样板。

二是吸引外部优秀人才资源，激活乡村产业内生动力。2022年，余村设立1亿元"余村产业基金"，推出余村"全球合伙人"计划，广邀人才共建余村。同时，陆续出台人才、大学生就业创业、共享产权房政策，提供人才公寓、场地补贴、金融支持、子女入学、优诊优疗等一条龙服务支持。随着越来越多合伙人的加入，艺术展览、"零碳"理念、机器人创新基地等系列新产品进入余村。2023年，余村又提出乡村人才社区的"DN余村"新概念，让余村成为最为开放的"农业+"孵化地，最有深度的乡村旅居目的地，吸引更多青年人的入驻。

三是建立"两入股三收益"分红机制，助力共同富裕。通过"国有资本+村集体+公司+农户"等合作形式，深化村—村、村—企、村—民利益联结，推动实现"大余村"区域存量资源统一规划、统一建设、统一运营。建立"两入股三收益"机制，确定各方利益分配方式，探索共富乡村样板。2020年，余村14个新项目投入建设，225户村民入股村集体项目，实现分红近90万元。2022年，余村全年村集体经济收入达1305万元，人均纯收入6.4万元，经营性收入突破800万元。

四是数字化赋能，搭建景区智慧化平台。2019年，余村率先启动建设数字乡村，拉开了安吉县数字乡村一、二期项目建设的序幕。2021年7月，安吉县"数字乡村一张图（标准版）"启动建设，覆盖168个行政村，其以"1+3+N"的建设为思路，建立数字乡村数据仓，以乡村规划、乡村经营、乡村环境、乡村服务、乡村治理五大板块为核心，多维度构建县域数字乡村网络信息平台，实现乡村的精细化管理和数据的集成应用。

第五章

国内旅游流动特征

一、国内旅游客流总体特征

（一）全域旅游可进入性进一步提高

2022 年，我国铁路营业里程达到 15.5 万千米，比 2021 年增加 5000 千米。其中，全国铁路路网密度 161.1 千米 / 万平方千米，比 2021 年增加 4.4 千米 / 万平方千米。铁路复线率为 59.6%，电化率为 73.8%。

2022 年，全国公路总里程 535.48 万千米，比 2021 年增加 7.41 万千米。全国公路密度 55.78 千米 / 百平方千米，比 2021 年增加 0.77 千米 / 百平方千米。其中，全国二级及以上等级公路里程 74.36 万千米，占公路总里程比重为 13.9%，比 2021 年提高 0.2 个百分点。

2022 年，全国三级及以上航道通航里程 1.48 万千米，比 2021 年增加 326 千米，占全国航道总里程比重为 11.6%。

在此背景下，我国国内旅游目的地的可进入性进一步提高，交通便捷服务不断优化，交通承载能力不断增强，为我国全域旅游的快速发展提供了基础保障。

（二）高速旅游交通网络加快完善

2022 年，我国完成交通固定资产投资 38 545 亿元，比 2021 年增长 6.4%。

2022 年，我国高铁营业里程达到 4.2 万千米，占铁路营业里程比重超过 1/4。我国高速公路里程 17.73 万千米，比 2021 年末增加 0.82 万千米，占公路总里程比重为 3.3%，呈现稳步提高态势。2022 年，我国定期航班通航机场、通航城市（或地区）分别提高至 253 个和 249 个，全国旅客吞吐量 1000 万人次以上的运输机场有 18 个（较 2021 年减少 11 个），年旅客吞吐量 200 万人次以下的运输机场有 206 个，较 2021 年增加 19 个。

全国综合立体交通网络加快完善，特别是高速旅游交通基础设施覆盖范围持续扩大，数字化程度持续提高，成为国内中远程旅游的重要支撑。

（三）重大交通工程催生旅游热点

国内首个磁浮文化旅游项目——凤凰磁浮观光快线正式开通运营。凤凰磁浮观光快线项目是连接凤凰高铁站至凤凰古城的一条旅游线路，被列入湖南省"十三五"旅游规划和湖南省重点建设工程，开通运营后，凤凰县成为全国唯一一个拥有磁浮旅游轨道的县级城市和旅游景区，极大提升了凤凰县的旅游品质，推动了凤凰县全域旅游的发展，对湘西巩固脱贫成果、走向乡村振兴具有积极的推动作用。我国西南地区又一快速客运通道——郑渝高铁全线建成通车。郑渝高铁开通后，北京、郑州至重庆最快6小时46分、4小时23分可达，中原城市群、成渝地区双城经济圈联系将更加紧密。郑渝高铁沿线（渝东北）的旅游资源极为丰富，有云阳龙缸、瞿塘峡、夔门、小寨天坑、白帝城、神女峰、大小三峡等景点。郑渝高铁极大促进了沿线旅游业发展，特别是云阳、奉节、巫山等沿线文旅市场规模不断扩大，旅游数据不断攀升，其客源市场从过去以"长江游轮+短途高速"为主，向郑渝高铁沿线城市郑州等重点城市延展。云南省实施里程最长、投资规模最大的高速公路——云南玉楚高速全线通车。玉楚高速打通了玉溪至楚雄的快速通道，实现玉溪、楚雄周边市县的互联互通对推进滇中地区旅游发展、经济建设、群众增收将发挥重要作用。

（四）农村地区旅游交通通达性稳步提升

近年来，我国农村交通网络通达通畅水平稳步提升。2022年，我国推动"四好农村路"高质量发展，巩固拓展脱贫攻坚成果同乡村振兴有效衔接，832个脱贫县完成公路固定资产投资8273亿元，全年新改建农村公路超过18万千米。2022年，全国农村公路里程达453.14万千米，比2021年增加6.54万千米。全国乡镇通三级及以上公路比例达84%，比2021年提高1.6个百分点。

农村交通网络通达性的改善，在促进全域旅游发展上起到了基础性、先导性、服务性作用，为实现"美丽农村路+乡村旅游"模式、带动农村公路沿线特色产业融合发展、助力乡村振兴注入源源动力。

（五）自驾出游占公路交通比重较高

2022年，我国完成公路营业性客运量35.46亿人，比2021年下降30.3%；完成公路营业性旅客周转量2407.54亿人千米，比2021年下降33.7%。与此同时，受疫情影响，2022年我国私家车自驾出行比2021年稍有减少。交通运输部检测数据显示，2022年我国9座及以下小客车流量出现降低态势，比2021年下降18.4%。

从长远来看，乘坐公路客运交通的游客数量依旧持续减少，自驾游成为我国游客中短途旅游的重要形式。

（六）远途旅游更多依赖现代高速交通工具

受疫情影响，2022年我国公路营业性客运量比2021年下降30.3%，铁路完成旅客发送量16.73亿人，比2021年下降35.9%，民航完成客运量2.52亿人，比2021年下降42.9%。但从整体趋势上来看，随着长距离航空、铁路及短距离公交、小汽车等交通方式的快速发展，公路客运量会逐步减少。未来，我国选择高铁、民航等交通工具作为城际间出行方式的旅客比重将进一步提高，国内的中远程旅游更多依赖现代高速交通工具。

（七）纯电动车、轨道交通成为市内旅游重要方式

随着疫情被有效控制，我国城市客运量有所回升，而2022年多地疫情的反复使得我国城市客运量再度下滑。2022年我国城市客运量为755.11亿人，同比下降24%。其中，年末全国拥有公共汽电车70.32万辆，比2021年末减少0.63万辆，其中纯电动车45.55万辆，增加3.59万辆，占公共汽电车比重为64.8%，提高5.6个百分点。拥有城市轨道交通配属车辆6.26万辆，增加0.53万辆。拥有巡游出租汽车136.20万辆，减少2.93万辆。拥有城市客运轮渡船舶183艘。

二、国内旅游客流空间特征

（一）省际旅游客流同比增长四分之一

根据中国旅游研究院调查，2023年上半年国内旅游客流跨省远程游有所上升。远程的省际旅游客流占到了全部国内旅游客流的23.54%，同比增长约25%，近程的省内旅游客流占比为76.46%，同比降低约5.9%。

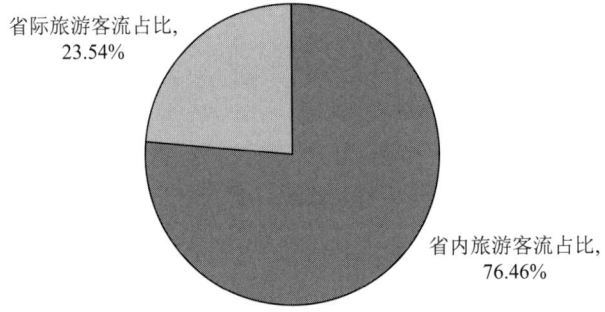

图5-1　2023年上半年省内和省际旅游客流所占比重

（二）远程国内旅游流量呈现出随距离增加而减少特征

2023年上半年，客流量排序前100的重要省际旅游客流占到全国总计930条省际旅游客流的53.78%。表5-1为2023年上半年重要省际旅游客流流向。

表5-1 2023年上半年重要省际旅游客流流向

地区	客源地	目的地
东部地区	北京	天津、河北、山东、河南
	天津	北京、河北、山东
	河北	北京、山东、天津、山西、河南、内蒙古
	上海	江苏、浙江、安徽
	江苏	安徽、浙江、山东、上海、河南、湖北
	浙江	安徽、江苏、江西、贵州、湖南、湖北、上海、河南、福建
	福建	广东、浙江
	山东	北京、河北、上海、江苏、安徽、浙江、河南、陕西
	广东	广西、湖南、江西、湖北、四川、福建
	海南	—
中部地区	山西	陕西、河北、河南
	安徽	江苏、浙江、河南、上海、山东
	江西	广东、浙江、湖南、福建、湖北
	河南	安徽、湖北、江苏、山东、浙江、广东、河北、陕西、北京、上海
	湖北	湖南、广东、河南
	湖南	广东、湖北、江西
西部地区	内蒙古	辽宁
	广西	广东
	重庆	四川
	四川	重庆、云南、广东、贵州、陕西
	贵州	江苏、广东、四川、云南、湖南、重庆
	云南	四川、贵州
	西藏	—

续表

地区	客源地	目的地
西部地区	陕西	四川
	甘肃	陕西
	青海	—
	宁夏	—
	新疆	—
东北地区	辽宁	河北、吉林、山东
	吉林	辽宁
	黑龙江	辽宁、吉林

资料来源：中国旅游研究院。

东部地区是最重要的远程国内旅游客源地和目的地，中部和西部地区在远程国内旅游方面与东部地区还有较大差距，东北地区的远程国内客流则较少。远程国内旅游表现出相邻省份间互为客源地和目的地的特征。在全国100条重要省际旅游客流中，有77条客流为相邻省份之间的旅游流动，仅有23条客流为非相邻省份之间的旅游流动。

2023年上半年，全国客流量前10位的省际旅游客流按照流量从大到小排序分别为安徽→江苏、上海→江苏、江苏→安徽、江苏→上海、河北→北京、北京→河北、山东→江苏、广东→广西、江苏→浙江、上海→浙江。

（三）四大地区国内旅游客流量情况

2023年，在全国100条重要省际旅游客流中，以东部、中部、西部和东北部地区的省（自治区、直辖市）为客源地的客流分别有47条、29条、18条和6条，在以东部、中部、西部和东北部地区的省（自治区、直辖市）为目的地的客流分别有48条、28条、19条和5条，总体来说与2022年上半年变化不大。

客源地在东部地区，主要省际旅游目的地以浙江省、广东省、河北省、江苏省、山东省等地为主。以浙江省为例，旅游客流流向为浙江→安徽、浙江→江苏、浙江→江西、浙江→贵州、浙江→湖南、浙江→湖北、浙江→上海、浙江→河南、浙江→福建共9条。

客源地在中部地区，主要省际旅游目的地以河南省、安徽省、江西省、山西省、湖北省、湖南省等地为主。以河南省为例，旅游客流流向为河南→安徽、河南→湖北、河南→江苏、河南→山东、河南→浙江、河南→广东、河南→河北、河南→陕西、河南→北京、河南→上海共10条。

客源地在西部地区，主要省际旅游目的地以贵州省、四川省、云南省、重庆市等地为主。以贵州省为例，旅游客流流向为贵州→江苏、贵州→广东、贵州→四川、贵州→云南、贵州→湖南、贵州→重庆共6条。

客源地在东北地区，主要省际旅游目的地是辽宁省、吉林省、黑龙江省。旅游客流流向为辽宁→河北、辽宁→吉林、辽宁→山东、吉林→辽宁、黑龙江→辽宁、黑龙江→吉林共6条。

三、交通和旅游融合发展典型案例

（一）水上客运："交通＋生态＋旅游"融合发展、构建水路旅游精品航线

近年来，国家一系列利好政策的颁布，促进了我国水路旅游市场细分，各地推动"交通＋生态＋旅游"融合发展，共同擦亮国内水路旅游客运精品航线名片。作为长沙的"水上会客厅"，橘洲旅游码头航线打造日游和夜游双环线，"舟行碧波上，人在画中游"的水路出游受到游客热捧。新安江则在观光游览的基础上，将码头景点化，沿途打造多个包含新安江自然元素的彩绘码头，组织开展"九姓捕鱼"观赏体验和打造祠堂咖啡馆、九姓捕鱼、婚嫁祈福、十里红妆等多个网红打卡点。同时，江苏扬州推出水上巴士线路，围绕"运河文化＋"，设计推出运河船宴、运河下午茶、运河研学游、运河婚礼等特色产品，持续丰富经营业态，延伸产业链。最为特色的是，2023年杭州为迎亚运，推出"三江两岸20·23焕新游"线路，包括"诗路文化·三江两岸"水上黄金游线20景、旅游线路13条和商务旅游线路10条，覆盖8大城区，这将撑起杭州文旅的国际化、全域化与高质量发展。未来，国内可借鉴国际莱茵河、多瑙河、尼罗河等水上旅游知名案例，结合船舶特点，加强配套产品开发，完善主题航次、定制化服务产品为代表的水路旅游产品体系。

（二）陆上交通：跨界探索，构建交旅融合新场景

随着交旅融合不断深入，各地按照旅游道路标准因地制宜打造旅游道路，构建快进、慢游交通网络，实现旅游道路联网成片，旅游景区串珠成链。在城市环线内部，成都推出"火锅巴士"创新消费新场景、北京打造"最美有轨电车"供游客欣赏花海，太原提出"25路带你玩转古街老巷"口号，等等。在乡村公路方面，河南"环南湾湖旅游公路"以传统人居环境特色为基调，突显本土历史文化特色与乡愁韵味，将豫信风情、江南韵味、茶乡特色等元素相融合，已成为游客纷纷前往的"网红"打卡地。与传统"黑白配色"的道路不同，江苏省打造的"溧阳1号公路"路面中线用红、黄、蓝三色标记，形成了全国独一无二的"彩虹路"，探索出的一条"交通＋旅游"引领乡村振兴、资源整合推动共同富裕的绿色发展之路。除了公路建设外，2023年新疆铁路部门计划开行旅游专列100列，"新东方快车"专列计划开行16列，"丝路天山号"专列计划开行9列，依托环沙漠铁路开行南疆"环塔游"和"畅览南疆"专列计划开行18列，南北疆环线旅游专列计划开行47列以上，为疆内外游客提供高品质旅游服务。同时，结合各地自然风光、人文特色等旅游资源和热点，新疆还拓展推出"赏花之旅""踏青之旅"等一系列主题游产品。

（三）空地联合打造"体验"一体化、复合消费场景

为进一步创新新型文旅业态和文旅消费模式，开发丰富多样的航旅产品，山东省推出精品"环鲁飞"通勤航线，开通执飞济南—日照航线；在日照机场打造青少年航空职业体验实践教育基地，推广"驭风少年、未来可期"通航文旅体验活动；在东营黄河入海口生态旅游区开发低空旅游项目，丰富低空文旅产品供给，激发文旅市场消费潜力。同时，北京大兴举办航空旅游嘉年华，围绕航空旅游业上下游产业的相关品牌，提供了一个集合旅行、文化、美食、住宿、娱乐于一体的复合消费场景，为航空旅行者提供了制订暑期出行计划的新思路，为消费者带来了全新的消费体验。横店"航空＋影视＋旅游"交旅融合案例，解锁立体式影视旅游新姿势。在"影视＋""旅游＋"的基础上，横店重点发展"航空＋"带动产业转型升级，通过结合自身资源，立足市场，找到了适合的航空发展模式。"航空＋影视＋旅游"的低空飞行观光之旅，已开辟了空中漫游圆明新园、历史穿越游、横店风情游3条线路，全方位解锁立体式影视旅游新姿势，不仅可以全视角欣赏"影视名城、休闲小镇"的宏大壮美，而且能飞越全球规模最大的影视实景拍摄基地。

第六章
国内节假日旅游特征

一、国内节假日旅游特征

（一）全年节假日旅游市场高开稳走、实现预期增长

2022年12月7日国务院联防联控机制发布疫情防"二十条"，很快又公布了具有标志意义的"新十条"，极大激发了城乡居民的出游热情和各地方政府各类市场主体发展信心，基本消除了城乡居民谨慎保守的出游心理。2023年开局，受疫情积压的探亲访友、旅游过年、民俗体验、避寒和冰雪等出游需求集中释放，出游规模、消费结构、服务质量和市场主体获得感等指标迅速增长，奠定了全年旅游经济"高开稳增，持续回暖"的市场基础，"开门红"成为各地总结报告的关键词。

在国内长线游、出入境游市场有序恢复的带动下，旅游市场迎来快速升温，国内各热门旅游景点在春节期间再现"人从众"的热闹景象。春节假期后，用户错峰出游热情不减，赏春踏青需求旺盛，"网红局长""盛唐密盒""特种兵式旅游""进淄赶烤""西直门三太子""观演式旅游"等热点不断涌现，旅游市场呈现逐步向好、快速恢复的态势。五一假期，国内旅游市场迎来全面爆发，用户积累许久的出境游需求也在此时迎来了一波集中释放。五一假期后，旅游市场延续了火爆的景象，避暑游、亲子游、毕业游等出游热潮的提前到来，进一步点燃了端午旅游消费的热情，出游人次环比增长显著，旅游市场持续保持着"高开稳走、加速回暖"的态势。

根据中国旅游研究院的测算，2023年元旦期间，全国国内出游0.53亿人次，比2022年增长0.44%，按可比口径恢复至2019年元旦节假期的42.8%；实现国内旅游收入265.17亿元，比2022年增长4.0%，恢复至2019年同期的35.1%。

2023年春节假期7天，全国国内旅游出游3.08亿人次，比2022年增长23.1%，按可比口径恢复至2019年春节假日同期的88.6%；实现国内旅游收入3758.43亿元，比2022年增长30%，恢复至2019年春节假日同期的73.1%。

2023年"五一"劳动节假期5天，全国国内旅游出游2.74亿人次，比2022年增长70.83%，按可比口径恢复至2019年的119.09%；实现国内旅游收入1480.56亿元，比2022年增长128.90%，恢复至2019年的100.66%。

2023年端午节假期，全国国内旅游出游1.06亿人次，比2022年增长32.3%，按可比口径恢复至2019年的112.8%；实现国内旅游收入373.10亿元，比2022年增长44.5%，恢复至2019年的94.9%。

2023年中秋节、国庆节假期8天，国内旅游出游人数8.26亿人次，按可比口径同比增长71.3%，按可比口径较2019年增长4.1%；实现国内旅游收入7534.3亿元，按可比口径同比增长129.5%，按可比口径较2019年增长1.5%（见图6-1）。

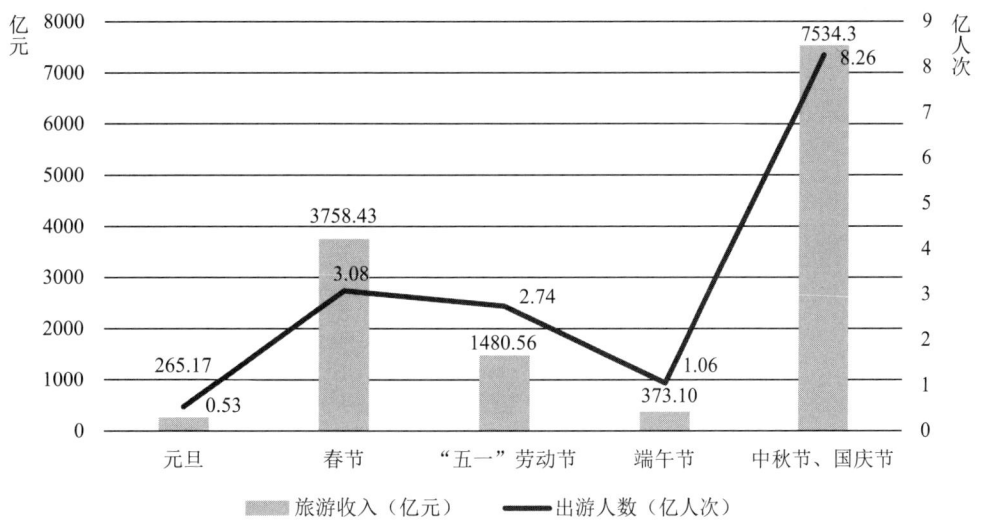

图6-1 2023年主要节假日旅游人数和旅游收入

（二）跨省中长线游复苏、周边游热度不减成为节假期出游的主要特征

2023年，节假日旅游市场韧性十足、连续增长，主导了国内旅游市场全面恢复的基本格局。在2023年开局之时，中远程旅游市场领先复苏，周边游热度不减，出境游逐步恢复。据统计，春节期间跨境机票订单增长超4倍，游客出行平均半径同比2022年增长超五成，每位旅客出行距离相较2022年平均增加了400千米。而对于清明节、端午节等时间相对较短的假期，近程出游、本地休闲依旧成为多数人的选择，行程短、交通方便的周边游持续火爆。由此可见，节假日期间，国内游客会根据假期长短调整自身出游距离、出游结构、出游时长，旅游热情持续升高，国内旅游业市场复苏向上态势确立。

（三）家庭亲子游、艺术演出、"旅游＋文化""旅游＋体育"等主题产品受青睐

2023年五一假期，景区"人从众"场景重现，跨市、跨省游热度明显走高，传统热门旅游目的地热度不减，新兴网红城市"破圈"，亲子玩乐、非遗、休闲度假、乡村旅游等受青睐。而在端午假期，游客更偏向于民俗体验游、追求"松弛感"的休闲慢游、音乐节及艺术展与演艺剧场文化游、city walk等主题游，休闲放松成为游客出游的首要目的。

2023年暑期旅游市场持续升温。避暑游、研学游、海滨游热度居高不下，同时长线游产品预订占比已超过2019年同期水平。其中，主题乐园、漂流景区等产品预订量持续攀升。上海迪士尼乐园、上海海昌海洋世界、北京环球影城、广州长隆度假区、珠海长隆度假区、上海玛雅海滩水公园、安吉浙北峡谷漂流等，都是亲子家庭客群青睐的热门目的地。

旅游＋文化、旅游＋体育等形态不断推陈出新。2023年"十一"假日期间，杭州亚运会热向各地传导，各地健身场馆免费、低收费政策力度加大，探亲游、本地游群体中，不少人选择"运动＋旅游"的休假模式。各地40余场音乐节和各类演唱会、音乐会，乐队和歌手走进大众，让"音乐＋旅游"得以由可能的概念导入现实的市场。携程旅行与时差岛联合出品的《边走边唱》第二季在年轻游客中产生共鸣，南京全城音乐节贯穿青奥文化线。第一届苹果音乐节京北启幕，带动了咖啡、版画、布艺书包等各类文创产品热销。长假期间，文化和旅游深度融合展现了更多的可能，消费场景更加丰富。

二、国内节假日旅游发展趋势分析

（一）节假日期间出游人数和旅游收入实现预期增长

疫情发生以来，全国各地严格落实疫情防控政策，提倡非预约不出游，取消了大型群众聚集活动，保障了节假日市场的平稳运行。直到2023年，各地开始恢复旅游市场，尤其以五一假期为转折点（出游人次和旅游收入均超过疫情前水平），标志着国内旅游市场全面复苏、转入常态化发展。

2023年，元旦、春节、五一、端午、中秋＋国庆5个假期，国内旅游出游人次分别比 2022 年增长 0.44%、23.10%、70.83%、32.30%、71.30%，分别恢复至 2019 年同期水平的 42.8%、88.6%、119.09%、112.80%、104.1%；国内旅游收入分别比 2022 年增长 4.00%、30.00%、128.90%、44.50%、129.50%，分别恢复至 2019 年同期水平的 35.1%、73.1%、100.66%、94.90%、101.5%。2022—2023 年主要节假日旅游人数和旅游收入见图 6-2。

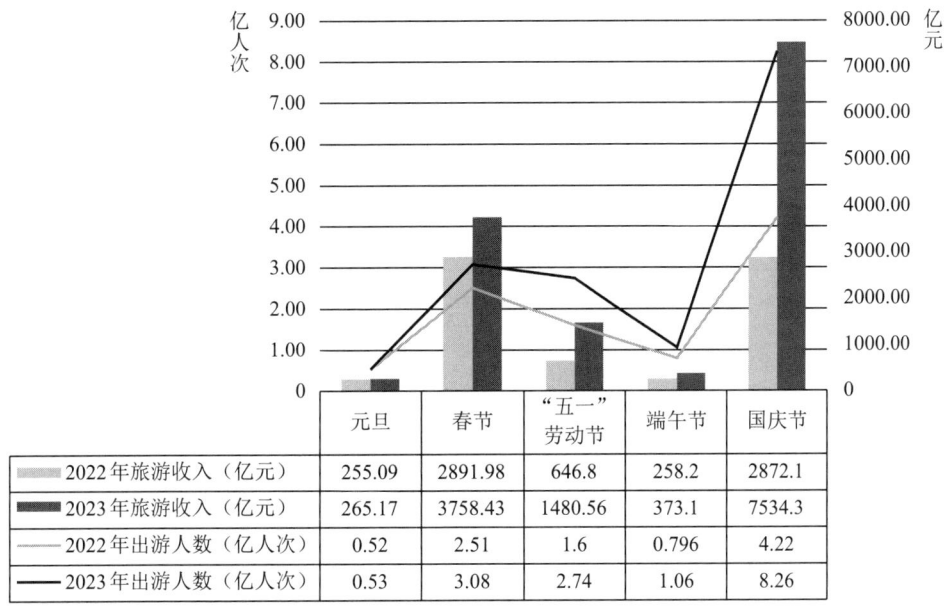

图 6-2　2022—2023 年主要节假日旅游人数和旅游收入

（二）游客出游距离和目的地休闲半径明显增长

常态化旅行和接触性消费政策的实施，推动中远程旅游稳步复苏，游客出游距离和目的地休闲半径明显增长。中国旅游研究院（文化和旅游部数据中心）专项调查显示，2023 年春节、"五一"劳动节、端午节、中秋+国庆的平均出游半径分别为：206.9 千米、180.8 千米、164.9 千米、189.5 千米，同比增长分别为 57.0%、81.6%、52.8%、59.6%；目的地游憩半径分别为 11.2 千米、16.0 千米、13.0 千米、17.9 千米，同比增长分别为 34.4%、167.2%、71.0%、86.0%（见图 6-3）。在出行距离逐步延长的同时，消费场景趋于多样化、游客的选择"从风景到场景"，更青睐沉浸式、体验式项目，更关注目的地的美好生活。

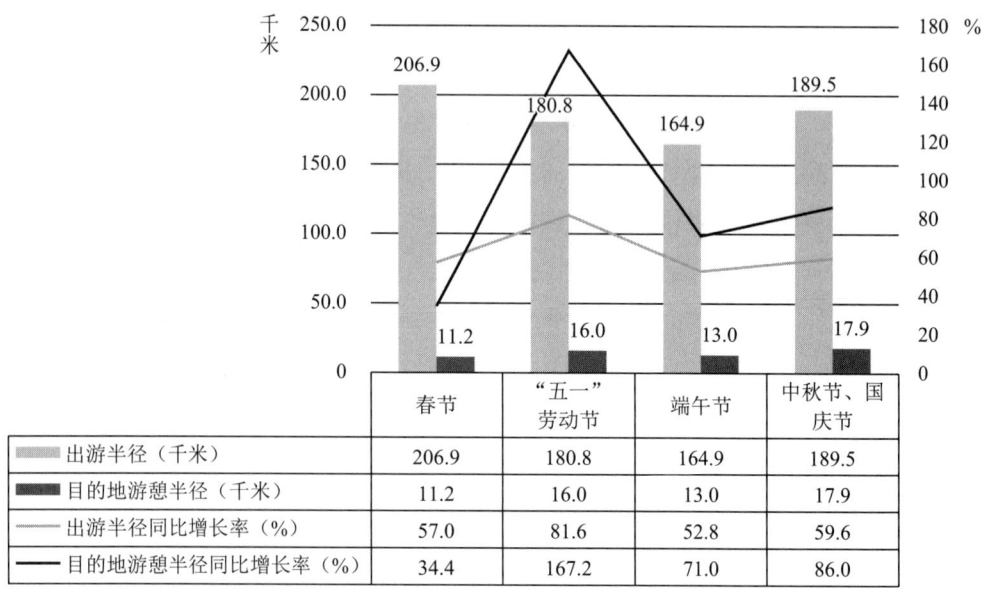

图6-3 2023年主要节假日出游半径、目的地游憩半径及相应增长率

（三）加大旅游产品供给，培育文旅消费新场景

2023年，旅游经济迎来了从市场复苏到高质量发展的战略转折。尤其是"五一"假期，艺术、科技与旅游的融合，有力推动了假日旅游市场的内容创造和场景营造，强化了文化和旅游深度融合。

中国旅游研究院在"五一"前发布的《杭州城市书房》《二分明月忆扬州》《长恨歌》《桐庐山水艺术季》等10项"艺术与旅游融合经典案例"，引起旅游市场的广泛关注。专项调查显示，72.53%的游客参与了两项以上文化活动，同比提高6.63个百分点。事实证明，这个"五一"假期不仅有人间烟火气的烤串，更有传统民俗与新潮艺术相结合的时尚，还有演唱会、村BA的活力。另外，一些主题公园和度假区也融入了更多的科技元素和文化内涵，培育了文化和旅游深度融合的新场景。

三、国内节假日旅游发展政策和典型案例

（一）"中央+地方"促进文旅消费恢复和产业融合发展

2023年3月，文化和旅游部发布《关于组织开展2023年文化和旅游消费

促进活动的通知》,鼓励各地文旅部门共同推出若干消费活动、消费场景及惠民措施,加快消费恢复成为经济主拉动力。7月,国务院办公厅转发国家发展改革委《关于恢复和扩大消费措施的通知》,进一步定调实施扩大内需战略,充分发挥消费对经济发展的基础性作用,不断增强高质量发展的持久动力,突显我国扩大内需、多措并举恢复和扩大消费的坚定决心。

开年以来,各地相继出台景区门票减免或打折、发放文化和旅游消费券等惠民政策措施,创新消费形式,全面激活市场潜力。据不完全统计,春节期间免费开放 A 级旅游景区 1281 家,占全国 A 级旅游景区总数的 9%,其中 62 家 5A 级旅游景区实行免票。五一期间,福建武夷山在各景点加派专人疏导秩序,加强观光车调度管理,优化游客出行体验;苏州、上海等热门城市推出本地市民让桥让路、轨道交通延时等温馨服务。在暑期,北京市鼓励各类文艺院团、演出场所实行低票价政策和学生半价票政策;洛阳举办"夏夜七点,畅游洛阳""'青'凉一夏,出游无忧"系列免费乘车活动,丰富发展夜间旅游经济;山东省发文鼓励全面落实带薪休假制度,鼓励错峰休假、弹性作息。总之,各地相继通过一系列措施活动让游客充分感受节假日出行的美好。

(二)民间自发活动持续产生"破圈效应"

除了政府方面颁布的一系列促进政策之外,一些自下而上、由内而外的文化活动,通过互联网的自发传播而形成了"破圈"效应,成为文旅深度融合的全新模式。自春节假期以来,河南、四川、江苏等各地文旅局长纷纷以变装视频为主要的出圈方式,通过卷创意、卷内容、卷地域,将各地的特色风景展现在网友面前。2023年"五一"期间除了传统的旅游目的地爆火之外,淄博凭借营销到位、服务暖心、市场规范等优势上榜景区热搜,旅游订单同比增长 2000%,住宿预订量较 2019 年上涨 800%,增幅居山东第一。贵州村"BA"、村"超"充分融合民族文化和非遗文化,共同汇聚成乡村体育赛事爆火的"神奇密码",给当地带来了文旅融合的新契机和经济发展的新增长点。

(三)文化集市、演唱会、音乐节等成为新风尚

随着年轻人的旅游体验不断迭代升级,"泛旅游""复合""跨界"成为新的旅游发展趋势。为迎合年轻游客的需求,各地打造不同业态的旅游产品,丰富假日旅游市场供给。端午期间,上海举办了愚园路上的"正经愚乐园"、新天地的"新天地碰头,农夫有花头"、黑石公寓的"无所市集"、思南公馆的"思南夜派对"等多个主题活动,吸引众多年轻人前往,为熟悉的风景带来新的内容体验。"五一"假期中,"音乐+旅游"更是带动了超过12亿元的综合消费规模,超越了票房收入。例如,西昌首届烧烤音乐节,将露营烧烤节与户外音乐节融合;"山西文水·稻田音乐节"将音乐节与乡村振兴结合在一起。

(四)夜间经济持续激发消费活力

受高温及目的地夜间文旅产品不断丰富等因素影响,多地聚焦"不夜城"特色,激发夜间消费活力,夜游市场呈现供需两旺态势。据数据监测,2023年端午期间243个国家级夜间文化和旅游消费集聚区客流量5212.2万人次,平均每个集聚区每夜3.06万人次。暑假期间,河南、广东等地的游乐园结合游娱、唱演、互动推出订制夜间专场,古城西安以传统文化创新夜赏体验实现"破圈",北京、上海、武汉、天津等地游客选择夜骑和步行,以绿色低碳的方式打卡城市街巷小店。湖北省恩施土家族苗族自治州宣恩县以穿城而过的贡水河为轴心,围绕"景城一体,主客共享"理念,打造逛亲水步道、赏璀璨夜景、品地方小吃、乘竹筏游河的夜间生活。杭州临安"唐昌之夜"主题文化节秀出千年古城"夜"态新玩法,让万家灯火"亮起来"、让魅力商圈的消费"火起来"。其中,黄浦江夜游、苏州古运河夜游、千岛湖夜游、钱塘江夜游、珠江夜游,宁波东钱湖夜猫子旅游夜市等,成为游客的热门夜游之选。